KB058030

존재감을
드러내는
문제해결력

小宮一慶 ビジネスマンのための「解決力」養成講座

BUSINESSMAN NO TAME NO 'KAIKETSURYOKU' YOUSEI KOUZA
Copyright ⓒ 2008 by KAZUYOSHI KOMIYA
Original Japanese edition published by Discover 21, Inc., Tokyo, Japan
Korean edition is published by arrangement with Discover 21, Inc. through BC Agency.

성장하는
직장인의
공부법

존재감을
드러내는
문제해결력

고미야 가즈요시 지음 | 정윤아 옮김

비전코리아

아래 〈사례 1〉은 독자들의 문제해결력을 시험하기 위한 간단한 테스트로서, 이 문제에 대해 어떤 해결책을 제시할 것인지 생각해보자.

가장 먼저 떠오르는 방법은 무엇인가?

〈사례 1〉

A사는 이탈리아 고급 문구 브랜드의 일본 법인이다. 50년 이상 일본에서 이탈리아산 제품을 판매하였고, 일본에서의 브랜드 인지도가 제법 높은 편이다. 4년 전 스카우트된 무역 회사 출신의 전前 사장이 재임하던 지난 4년간 매출은 4억 엔에서 8억 엔으로, 이전에 4,000만 엔이던 이익은 20퍼센트 상승한 4,800만 엔이다.

그러나 할인점과 대형 가전대리점 등으로 판로를 확대한 탓에 기존 80퍼센트였던 백화점 판매율은 50퍼센트까지 하락했다. 브랜드 이미지 역시 예전보다 낮아지고 있고, 이전에는 35퍼센트에 달하던 순이익도 23퍼센트로 하락한 상태다.

　A사는 규모가 작은 편이어서 사장과 2명씩의 동일본(관동지방)과 서일본(관서지방) 영업담당, 그리고 사무보조 여성 2명 등 직원은 7명이다.

　영업자의 급여는 연간 실적에 따른 연봉제로서, 매출과 이익에 따른 보너스가 지급된다. 최근 매출과 이익이 증가하면서 보너스를 포함한 영업자의 연봉이 4년 전에 비해 20퍼센트 정도 높아진 셈이다.

　그런데 사장이 매출과 이익에 따른 보너스 수령 후 다른 회사로 전직해버리는 바람에 A사는 새롭게 당신을 사장으로 스카우트했다.

　구성원 역시 4년 전과 같은 상황이라면 사장인 당신이 가장 먼저 해야 할 일은 무엇인가?

　테스트를 위해 설정된 상황이므로 문제는 간단해 보인다. 아마도 〈사례 1〉에 등장하는 회사는 대부분의 독자들이 근무

하는 곳보다 규모가 작을 것이다. 제시한 조건도 전혀 복잡하지 않다. 당신이 사장이라면 어떻게 할 것인가?

만약 "브랜드 이미지 제고를 위해 백화점의 매출비율을 높이겠다"고 대답했다면 당신은 이 책을 계속 읽는 편이 나을 것 같다. 판단력이 빠르다는 점은 높이 살 만하지만 그것만으로는 '문제해결력' 면에서 합격점을 줄 수 없다.

내가 생각하는 해결책을 알고 나면 앞서의 대답이 왜 '옳지 않은지' 알 수 있으리라 생각한다(그것을 이해한다면 문제해결력은 이미 꽤 높은 수준에 도달해 있는 것이다).

실제로 사원이나 경영자를 대상으로 한 세미나 등에서 나는 위의 사례를 곧잘 인용하는데, 대다수가 "브랜드 이미지를 높이기 위해 백화점의 매출비율을 높이겠다" 혹은 그와 비슷한 대답을 내놓는다. 문제해결 방법을 모르는 경우에는 유일한 해결책이라고 생각할지도 모른다. 그렇다면 "이 대답은 무엇이 잘못되었나"라고 묻는다면?

3장에서 본격적으로 설명하겠지만 여기에는 이 책에서 가장 중요한 한 가지(그렇다고 곧바로 3장으로 넘어가서는 안 된다. 문제해결력을 기르기 위해서는 이 책의 구성에 따라 순서대로 읽어 나가는 것이 매우 중요하다)가 숨어 있다.

문제해결의 포인트를
간파하라

내가 하는 일은 문제를 해결하는 것이다. 경영컨설턴트로서, 혹은 10여 개가 넘는 기업의 비상근 이사로서 고객인 기업과 경영자의 문제해결이 나의 주요 업무이다.

말하자면 나의 하루하루는 '문제해결'의 연속이라 해도 과언이 아니다.

예를 들어 이 글을 쓰고 있는 오늘만 해도 2개 회사(어패럴과 인재 파견회사)의 임원회의에 참석했고, 내일은 간병인 파견회사와 소프트웨어 회사의 임원회의가 예정되어 있다.

어느 기업이든 문제가 있게 마련으로, 문제가 전혀 없는 회사는 존재하지 않는다. 문제들은 미국 대학원에서 MBA를 취득할 때 배운 수백 개의 케이스스터디와 유사한 경우도 있지만 더욱 복잡한 사례도 얼마든지 있다. 또한 기업을 둘러싼 외부환경이나 내부환경이 저마다 달라 매우 적나라한 측면도 있다.

전략적인 면에서 "미국 회사를 매수하고 싶은데 어떻게 하면 될까요", 반대로 "영국의 자회사를 매각하고 싶은데 잘 팔아 달라"는 요청도 있고, "회사를 M&A하는 것이 나은지 의논하자"는 식의 상담의뢰도 흔하다.

가끔은 전혀 전략적이지 않은, 오너인 사장의 아들과 임원 간의 다툼에 대한 문제가 등장하기도 한다. 이러한 문제는 사장이 조직의 누군가와 허심탄회하게 의논할 수도 없고, 반대로 회사 사정을 전혀 모르는 사람에게 털어놓을 수도 없는 아주 예민한 사안이다. 그 때문에 비록 비상근 임원이지만 나처럼 어느 정도 내부환경을 파악하고 있는 사외이사나 컨설턴트를 찾게 되는 것이다.

얼마 전에는 "일주일 후에 사용할 자금 중에 부족한 5억 엔을 같이 구하러 다니자(은행권에서 승인이 나면 수월하게 해결되겠지만 그렇지 못한 경우라면 최악의 사태가 벌어질 수도 있다)"는 회사 대표도 있었고, 10여 년 전에는 파산예정일 전날 파산에 대한 대응책을 논의한 적도 있었다.

그 밖에 투자 펀드 '카스 캐피탈Cas Capital'과 파트너십을 체결하고 있기 때문에 그 펀드나 펀드를 구입한 회사를 대상으로 하는 조언도 담당하고 있다. 흔치는 않지만 회사 존속에 대한 의사결정에 관여하기도 하고, 경영자 개인적인 상담을 진행하는 경우도 있다.

물론 "괜찮은 인력을 확보하기가 쉽지 않다" "매수한 해외 자회사의 사원들과 커뮤니케이션이 제대로 이루어지지 않는다" 등 통상적인 비즈니스 상담들이 가장 빈번하게 이루어진다.

전직이 은행원으로서 캐시플로Cash Flow나 회계 관련도서 집필, 메이지 대학의 회계대학원에서 관리회계와 경영분석을 가르쳤던 경력 덕분에 기업재무나 재정환경 개선에 대한 상담도 적지 않다.

문제해결의 주체는 어디까지나 회사에 몸담고 있는 사람들이지만 최종적인 결정은 경영자의 몫이다. 내가 조언하는 결론이나 해결책이 해당 기업과 그 기업에 종사하는 사람들, 그들의 가족까지 포함해 몇 천 명의 인생에 영향을 미칠 가능성이 있으므로 늘 신중하게 조언하려 노력한다.

중요한 의사결정에 관여하는 만큼 가장 좋은 방법이 무엇인지 한정된 시간 안에 여러 번 생각한다. 그러기 위해서는 경영현장에서의 경험을 쌓으면서 평소 의사결정 훈련도 게을리하지 말아야 한다.

그래도 모든 사안이 명쾌하게 해결되는 것은 아니다. 하지만 문제해결에 도움이 되어야겠다는 사명감으로 지난 20여

년간 쌓아온 '문제해결' 노하우를 이 책을 통해 독자들에게 전하고자 한다.

짜임새에 따라
문제를 분해한다

그렇다면 캐시플로, 즉 자금흐름을 개선하기 위해서는 무엇을 하면 좋을지 알고 있는가?

약간의 두뇌 체조를 거쳐 '문제의 분석'부터 시작해보자. 일단 떠오르는 것부터 생각하면 된다.

물론 장기적으로는 이익을 높이는 것이 캐시플로 개선의 근본적인 해결책이다. 그리고 이익을 높이기 위해서는 매출신장과 원가절감이 필요하다. 반면, 단기적으로는 어떻게 하면 좋을까? 그것도 확실하게 개선할 수 있는 방법이어야 한다.

한 가지 방법은 재고의 소진이다. 재고는 자금과 같은 것으로 재고를 소진하는 만큼 자금사정이 호전된다. 더불어 매도기한(판매대금이 회수되기까지의 기간)은 줄이고 매수기한(구매

후 대금지불까지의 기간)은 길게 잡는 등의 방법도 있다.

단기적이라고는 할 수 없지만 그 밖에 투자금 회수나 자산매각, 대출이나 회사채 발행, 증자 등에 의한 재정적인 해결책이 있다.

재정환경의 개선을 고려할 때 재무제표의 하나인 '캐시플로 계산서'를 떠올렸다면 어느 정도 재무지식을 갖춘 사람이라고 할 수 있다. 내가 예로 든 해결책은 캐시플로 계산서라는 틀(프레임워크)을 '분해하여' 생각해낸 것이기 때문이다.

위에서는 '영업활동에 의한 캐시플로'와 '투자활동에 의한 캐시플로', '재무활동에 의한 캐시플로' 순서로 해결책을 예로 들었다. 서문에서 얘기하기에 다소 난이도가 있을지 모르지만 '짜임새' 혹은 '틀', '테크닉(혹은 방법)'을 안다면 문제해결이 쉬워진다는 사실을 알리기 위한 예시이므로 지금 당장이해하지 못해도 크게 문제될 게 없다.

문제해결을 위해서는
논리적 사고가 필요

문제를 해결하는 데는 기술이 필요하다. 좀 더 정확하게 표현하자면 문제해결을 위한 '사고방식', 즉 논리적인 사고력을 필요로 한다.

문제해결을 위한 논리적 사고력을 익히는 일이 결코 쉽지 않지만 앞서 캐시플로의 예처럼 문제해결의 수법이나 프레임워크를 보조적으로 사용하면 그만큼 논리적 사고력을 도출하기도 쉬워진다.

가위와 같은 도구만 있으면 누구나 쉽게 무언가를 자를 수 있는 것과 같은 이치다. '테크닉'이 바로 도구이기 때문이다.

그러나 같은 가위로도 세공사의 섬세한 종이공예에서부터 유치원생의 작품까지 다양한 수준의 작품을 만들어내듯, 알고 있는 테크닉을 적절하게 활용하기까지는 꾸준한 수련이 필요하다. 또한 '도구'를 선택할 때는 어느 정도의 '영감inspiration'이 따라야 한다. 다시 한 번 강조하지만 문제해결에는 객관적이고 정밀한 논리적 사고력이 필수다.

따라서 이 책에서는 다음 2가지를 중심으로 다룰 것이다.

1. 문제해결 방법과 프레임워크를 사용한 실제 사례를 소개하고 이해를 돕는다.

2. 논리적 사고력을 기른다.

문제해결 방법이나 프레임워크는 '숙련도'에 따라 활용도
또한 비례하여 많아진다(더불어 어떤 방법을 사용하고자 하는 일종
의 영감이 필요한데, 그 영감도 대부분 도구를 다루는 기술(숙련도)과 경
험에서 나온다). 논리적 사고력 역시 훈련이기 때문이다.

책 뒷부분에 등장하지만 내가 자주 사용하는 3가지 키워
드는 다음과 같다.

'왜?'
'정말?'
'그래서?'

일상적인 회의에서도 반복하면서(이것은 회의 때 나의 주문과
도 같다) 사고력을 익히도록 하자. 이것 역시 훈련으로 충분히
가능하다.

"무엇이 문제인가?"를
파악하라

일반적으로 '문제해결'을 다룬 책의 대부분에서는 앞서 예로 든 '문제해결의 수법이나 프레임워크'를 소개하고 있다. "이런 문제가 생겼고, 그것을 해결하기 위해서는 이런 수법과 프레임워크를 활용하면 된다"라고 설명하는 식이다. 다시 말해 처음부터 '문제'가 분명해진 상황을 전제로 해서 이미 '문제'는 정해져 있고 그것을 어떻게 해결하는지에 대한 내용이다.

하지만 실생활에서는 문제를 특별히 규정짓는 것, 즉 문제가 무엇인지를 정하는 것 자체가 어려운 경우가 많다.

'문제해결'에서 무엇보다 중요시해야 할 일은 '문제가 무엇인지를 정하는 것'이다.

1장 이후에 좀 더 자세하게 설명하겠지만 문제를 규정한다는 것에는 다음 2가지 의미가 내포되어 있다.

1. 문제의 '최우선순위 정하기'
2. 문제의 '근원'이 된 문제(실질적인 원인) 찾아내기

비즈니스에서는 좋지 않은 '현상UDE Undersirable Effects'이 일어나게 마련인데, 우리는 보통 이것을 '문제'라고 부른다.

그러나 무엇이 근본적인 '문제'인지 알 수 없는 상황이 종종 발생한다. 근본적인 문제를 해결하지 않으면 눈앞에 닥쳤을 때 우왕좌왕할 수밖에 없다.

최우선순위를 정하는 첫 번째 단계를 거쳤다면 두 번째 단계는 그 문제 뒤에 숨어 있는 근본적인 문제점(진짜 원인)을 찾아내는 것이다.

해결책 정하기와
실행

첫 번째와 두 번째 단계가 문제의 우선순위를 정하고 진짜 원인을 찾아내는 것이라면 다음 단계는 '해결책 정하기'와 '실행'이다.

해결책을 정할 때는 기존의 정형화된 몇 가지 방법론과 프레임워크를 활용하면 된다.

예를 들면 '급한 정도와 중요성'을 따지는 4분면 그래프 (중요하고 급한 것, 중요하지만 급하지 않은 것, 급하지 않지만 중요한 것, 급하지 않고 중요하지도 않은 것을 각각 표시하는 그래프-옮긴이)나 PPM_{Product Portfolio Management}(점유율과 성장률을 각각 가로, 세로로 하여 표시하는 상품과 자금의 배분전략-옮긴이), 로지컬 트리_{logical Tree}(논리과정을 단계별로 표시한 것-옮긴이), 마인드맵_{Mind Map}(주제에 따른 자신의 생각을 정리한 것-옮긴이)이나 《회사에서 꼭 필요한 최소한의 숫자력》에서 소개했던 ROA(총자산순이익률)와 ROE(자기자본이익률) 등 재무회계나 관리회계의 지표 등과 같은 것들을 활용하는 것이다.

또한 마케팅에서의 4P_{Product, Price, Place, Promotion}나 다중회귀분석과 같은 통계수법도 활용할 만하다.

이른바 '논리적 사고'와 '수평적 사고_{Lateral thinking}' 역시 기본적으로는 문제해결의 한 가지 수법이라 할 수 있다. 사실 논리적·수평적 사고는 각각 관련도서가 무수히 나와 있을 만큼 보편적인 주제이기도 하다.

물론 '문제해결'의 수단을 알고 있어도 실제로 문제를 해결할 수 있다고는 단언하기 어렵다. 지식과, 지식을 활용해 문제를 해결하는 것은 별개의 문제이기 때문이다.

경영도 마찬가지다. 경영지식을 갖추는 것과 실제로 기업을 경영하는, 말하자면 이익을 높이고 회사를 성장시키며 고객이나 종업원의 복리를 실현하는 일은 완전히 다르다.

시중에 나와 있는 책과 일부 컨설턴트들은 해결을 위한 기법을 가르치거나 해결책을 제시한 뒤 "앞으로의 일은 여러분 능력에 달려 있다"고들 말한다. 그러나 가장 어려우면서도 중요한 것은 '실행'이다. 행동으로 옮기지 않는 한 해결은 요원할 수밖에 없다.

단순히 경영학을 공부하는 학생이 혼자 연구하는 과정에서의 문제라면 해결책만으로도 충분하지만, 비즈니스상의 '문제'는 사람과 조직의 문제이다. 해결책의 '실행'에는 사람을 움직이는 지혜와 지식, 그리고 반드시 행동이 뒤따라야 한다.

이 책에서는 내가 지금까지 직면했던 문제를 비롯해 국가 차원의 문제 등 현실적인 문제가 사례로 소개될 것이다. '현실에서의 문제'를 해결하지 못한다면 독자 여러분이 다양한 기법을 공부할 의미도 없을 것이다. 본문에 다소 복잡한 사례가 등장하더라도 현실적인 문제의 해결이 진정한 '문제해결'이라 생각하고 끝까지 집중해 읽어주었으면 한다.

'문제해결력'을 기르기 위한 과정을 간단하게 설명하면 다음과 같다.

첫 번째, 문제를 밝혀내고 규정짓는 방법
두 번째, 밝혀낸 문제를 해결하는 방법

세 번째, 정해진 해결방법을 실행하는 방법

덧붙여 일상생활 중에도 쉽게 따라할 수 있는 문제해결력 훈련을 위한 간단한 트레이닝을 소개한다.

이 책을 다 읽고 난 후에는 문제해결의 기법이나 프레임워크를 합리적으로 활용하면서 논리적 사고력까지 두루 갖추어 독자들의 문제해결 능력이 눈에 띄게 향상될 것이다.

"이 책 덕분에 문제를 해결할 수 있었다"라는 독자 여러분의 반응을 기대해본다.

고미야 가즈요시 小宮一慶

Contents

첫머리에_ **문제해결의 노하우**

문제를 판단하고 우선순위를 정하라

2 근본문제를 해결하라

3 문제를 검증하라

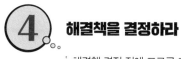

4. 해결책을 결정하라

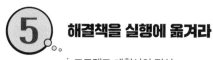

5. 해결책을 실행에 옮겨라

6 문제해결의 기술을 익혀라

7 문제해결을 방해하는 요소

8 문제해결력을 높이는 습관

1

문제를 판단하고
우선순위를 정하라

문제가 발생했을 때 남의 일이라고 지나칠 게 아니라 "내가 책임자라면 어떻게 했을까" 하고 스스로 해결책에 대해 우선순위를 매기고 대응책을 생각하는 습관을 갖도록 한다. 평소 그런 훈련을 반복하면 문제해결 능력이 향상해 자신과 직접 관계있는 문제가 발생했을 때 침착하게 대응할 수 있게 된다.

'문제'란
무엇인가

첫머리에서도 강조했지만 '문제해결'에서의 포인트는 우선 해결해야 하는 문제를 분명히 정해놓는 것이다.

그렇다면 독자들이 문제라고 느끼는 일은 무엇인가?

잠시 하던 일을 멈추고, 매일 자신에게 주어지는 업무 혹은 일상생활에서의 문제를 떠올려보자.

막상 생각해보면(사람에 따라서는 생각하지 않아도) 꽤 많은 문제가 꼬리에 꼬리를 물고 떠오를 것이다.

분명한 사실은 기업에서나 인생의 모든 문제를 단번에 해결할 수는 없다는 점이다. 개인이라면 시간이나 자금, 기업이라면 인적·물적 자원과 자금 등 무엇이 됐든 자원이 한정되어 있기 때문이다. 따라서 문제에 우선순위를 매겨야만 한다. 그런데 이것이 말처럼 쉽지 않다. 능력 있는 경영자라도 어렵긴 마찬가지다.

경영이란 본래 국제적인 정치·경제 상황에서부터 회사 내의 인간관계에 이르기까지 안팎의 크고 작은 현상에 대해 대응해야 할 문제를 선택하고, 우선순위와 자원의 배분을 결정하는 것이라고 해도 과언이 아니다.

가장 먼저 대처해야 하는 문제는

다음 이야기는 실제로 내가 경험했던 사례이다(오래전에 있었던 일이지만 기업 고객의 프라이버시 보호를 위해 내용을 조금 수정했으나 문제의 본질은 다르지 않다).

공업제품을 제조하는 회사의 정례 전략회의에 참석했을 때의 일이다. 익숙한 멤버들 가운데 임원 2명의 얼굴이 보이지 않았다. 사장에게 물으니 "제품에 클레임이 발생해 대책 수립 차 다른 회의실에 있다"고 했다. 소매점(프랜차이즈)에 보낸 상품에 대해 고객으로부터 불만이 접수되었는데, 그것이

지방신문에 실렸다는 것이다.

자세한 상황을 들어보니, 불만을 제기한 고객이 판매원의 대응이 마음에 들지 않았는지 불만을 품고 신문사에 제보했고, 그것이 다음날 아침 기사화되었던 것이다. 판매점에서 당황한 나머지 그 상품을 회수하기 시작하자 이번에는 그 정보가 방송국에까지 흘러들어가 취재요청이 들어와 있는 상황이었다.

심상치 않은 상황이라 판단한 내가 "위기대응은 적극적으로 하는 것이 좋다"고 조언하자, 처음에는 "일부러 멀리서 회의하러 왔는데 그 일까지 신경쓸 필요가 없다"고 하던 회사 대표도 순순히 내 말에 동의했다.

고객의 불만사항에 대해 안이하게 대처했다가는 지방TV를 넘어 NHK나 전국 일간지로 확산, 보도될 수 있다.

상품에 문제가 있다면 당연히 회사 차원에서의 회수가 이루어져야 하지만, 지금까지 확인된 불량이 오직 해당 고객이 구매한 제품에 한해서라면 고객의 고의나 실수에 의한 불만사항일 가능성이 높다. 상품에 불만이 제기되었다는 이유로 대대적인 회수작업을 벌였다가 매스컴에서 다루는 바람에 해당기업이 생산하는 모든 상품의 판매나 거래가 중단되는 최악의 사태가 벌어진 사례도 있었다.

시간이 흐른 뒤 "상품에는 하자가 없었다"는 정정 보도가 나가더라도(매스컴, 특히 TV는 거의 그런 조치를 취하지 않지만), 기업은 이미 큰 타격을 입은 상태라 잃어버린 고객의 신뢰를 되돌리기까지 엄청난 시간과 자금을 들여야 한다.

정례회의는 장기적으로 어떻게 매출을 올릴 것인지에 대해 의견을 주고받는 연구회 비슷한 자리이지만, 나는 한가하게 회의실에 앉아 매출을 논의할 때가 아니라고 판단했다.

실제로, 예전에 거래처 기업이 판매하던 생수에서 곰팡이가 발견되었다고 TV에 보도된 적이 있었다. 보도 후 며칠 만에 해당 곰팡이는 인체에 무해하다는 보건당국의 발표가 있었지만 안타깝게도 회사는 생수사업을 접을 수밖에 없었다(물론 TV에서는 사죄나 정정 보도를 하지 않았다. 이와 같은 경험 때문에 고객의 불만에 대해 신중해질 수밖에 없었다).

어쨌든 정례회의를 취소하고 매스컴에 대한 대응책을 의논하고 있는 임원들에게 가보니, 두 사람 역시 당황한 기색이 역력했다. 이미 지방TV와 NHK 지방방송국, 게다가 일간지에서도 취재를 요청해온 상태여서 조금이라도 실수가 있는 날에는 2시간 후 낮 뉴스에 고스란히 보도될 수 있는 상황이었다(가끔 TV 게스트로 출연해 인연이 있는 홍보담당자에게 TV 보도국 분위기를 전해들은 결과 충분히 예상 가능한 사태였다).

자세한 내용은 밝히기 어렵지만 그 자리에서 '위기대응'이 시작되었다. 당시에 생각할 수 있는 최우선순위 대책은 재빨리 사실에 근거한 정보를 수집하고, 매스컴이 원하는 최소한의 정보(이것이 매우 어렵다)를 제공함으로써(방송시간에 맞추어 어떻게 해서든 내용을 정리한다) 대응하는 것이었다.

물론 상품에는 문제가 없었지만 대응이 한발 늦으면 문제는 더욱 커질 수 있다. 한정된 시간 안에 가장 먼저 무엇을 할지 조정하고 자원을 배분하는 데 실패하는 날에는 TV는 물론 일간지에 대대적으로 보도되어 그때까지의 노력이 한순간에 물거품이 되어버릴 수 있다.

사실을 사실로서
확인할 것

결과부터 말하면 TV나 일간지에 보도되지 않았음은 물론, 상품에 결함이 없다는 사실이 증명되어 이전과 다름없이 제품 공급이 이루어졌다. 이 사례의 경우, 현실적인 '문제해결'에 필요한 몇 가지 포인트가 숨겨져 있다.

우선, 이미 벌어진 사태에 대하여 정확하게 '사실'을 확인하는 것이다.

예를 들어 "고객으로부터 상품에 결함이 있다는 불만사항이 접수되었다"라는 문장에서 중요한 사실은 '고객의 불만이 있었다'는 내용이다. 이때 고객의 신상이나 불만내용, 판매점의 대응 등 자세한 경위나 현재 상황을 알 필요가 있다.

그중에서도 만에 하나 정말로 결함이 발견되었는지(나는 없을 것으로 확신하고 있었지만) 사실을 재확인할 필요가 있다.

단, 조사결과가 나올 때까지 기다릴 시간이 없는 경우(거의 모든 경우에 해당된다)에는 알고 있는 사실만을 매스컴에 전달한다.

회사 측에서는 결함이 없다고 확신해도 다시 한 번 객관적으로 증명될 때까지는 100퍼센트 확실하다고 말할 수 없다. 확신이 100퍼센트에 이르지 않은 상황에서 회사에 유리한 쪽으로 해석하는 일은 절대 금물이다. 혹시라도 그렇지 않은 경우에 주위로부터 비난 받을 우려가 있기 때문이다. 그렇다고 해서 사실이 아닌 내용까지 전달할 필요는 없다.

위의 사례에서는 지방신문에 기사가 실린 직후 얼마 지나지 않아 관할시청이 상품의 결함 가능성이 낮다는 '감상'을 내놓았다. 그래서 회사는 지금까지의 경위와 관청의 감상을 매스컴은 물론 각 지방의 판매점에 문서로 보냈던 것이다.

물론 관청의 의견은 어디까지나 "당국은 현재 이렇게 생각하고 있다"는 '감상'에 지나지 않는다.

이때 회사 측의 감상은 알릴 필요가 없다. 거짓말이나 과장도 경계해야 한다. 과장하거나 축소하지 않고 사실을 사실로서 적확하게 전달하는 것이 중요하다. 더불어 모든 판매점에 정보를 우선적으로 제공하는 까닭은 TV나 매스컴에 보도될 경우 그 내용을 사전에 전달받지 못한 데 대한 불신이 회사에 영향을 끼치지 않도록 하기 위함이다.

다행히 회사에서 선택한 대응이 좋은 결과로 마무리되었지만 이처럼 특수한 상황을 제외하고는 '사실'을 있는 그대로 다루고 대응할 수 있는 최우선순위 방법을 결정하는 것이 문제해결의 첫 걸음이다.

위기를 관리할 때는 시시각각으로 변해가는 상황을 확인하면서 그때마다 '다운사이드 리스크'(감수해야 할 최대한의 손실)를 파악하고 그것을 막을 수 있는 방법을 생각하는 한편, 빠뜨린 부분이 없는지 체크하면서 대책을 세울 필요가 있다. 정해진 시간과 자원을 활용하여 모두의 지혜를 모아 논리적인 사고력을 풀가동시키는 것이다.

그리고 대응책이 별 효과가 없는 경우도 상정하여 차선책(두 번째 화살)을 생각해 두어야 한다.

시간과 상황에 따라
변하는 우선순위

현실에서의 문제를 해결해야 할 때 시간은 큰 제약으로 작용한다. '시간'이라는 조건은 문제해결에 있어서 적이 되는 경우와 아군이 되는 경우로 나뉜다는 사실을 알고 있는가?

즉 시간이 지날수록 상황이 불리해지는 문제가 있는가 하면, 반대로 유리해지는 문제도 있다. 또한 어떤 문제는 시시각각으로 상황이 변하기도 한다. 몇 시 몇 분까지는 회사에 유리했다가 몇 시 몇 분 이후에는 불리하게 돌아서는 식이다. 따라서 상황판단에 실수가 없도록 주의해야 한다.

위의 사례에서는 회사 측의 정보가 늦게 공개될수록 매스컴은 들끓게 되어 있어 불리한 정보를 내보낼 가능성이 크다. 당연히 상황은 불리해질 수밖에 없으니 이때의 시간은 '적'이라 할 수 있다. 반면, TV에 보도되지 않도록 시간을 끌면 상황이 정리된 이후에는 방송할 내용이 없으니 시간은 '아군'이 된다.

그렇다면 위의 사례에서는 어떻게 대처하면 좋을까?

우선 모든 매스컴에 필요로 하는 최소한의 정보를 상황의 변화에 따라 적절하게 제공한다. 이것으로 매스컴의 공세는 어느 정도 막을 수 있다. 그 사이 회사는 계속해서 정보를 입수할 수 있으므로 '적'이 될 뻔한 시간을 컨트롤하는 일이 가능해진다.

한편 TV 쪽은 한 번 방송되면 돌이킬 수 없으므로 방송시간까지 "상품에 결함이 있다"고 확신을 가질 만한 정보가 방송국 측으로 흘러 들어가지 않도록 철저하게 단속한다. 한 걸음 더 나아가 "해당 고객의 상품 이외에 결함이 보고된 사례가 전혀 없다(이것은 사실이다)"는 내용의 정보를 다른 진행정보와 함께 순차적으로 조금씩 제공한다.

예로 든 사례에서처럼 '정례회의'와 '위기대응' 중에서 우선순위를 결정하고, 나아가 위기대응책 중에 우선순위를 매기는 등의 조처들이 상황이 끝난 뒤 되돌아보면 모두 당연해 보일지 모른다. 하지만 막상 당사자가 되어 그 현장에 있으면 당장 무엇을 우선시해야 할지 막막한 경우가 적지 않다(만약 침착하게 대응할 수 있었다면 수많은 사고와 리콜사태, 미숙한 처리, 혹은 장기적으로 새로운 기술이나 소비자의 변화에 대응하지 못하고 몇 년 전까지 업계의 총아였던 회사나 업종이 쇠퇴하거나 도산하는 일은 결코 일어나지 않았을 것이다).

정리하면, '문제해결'에는 다음과 같은 전제가 중요하다.

여러 현상 중에서 무엇을 문제로 삼을 것인지를 결정한다.

그런 다음 그 문제 중에서도 가장 먼저 대응할 것이 무엇인지 우선순위를 정한다.

만일 우선순위가 잘못 정해지면 자칫 해결할 수조차 없는 문제로 확대될 가능성이 있다.

우선순위를 정하는 연습하기

그렇다면 지금 바로 해결해야 할 문제에 대해 누구나 알고 있는 주제를 활용해 우선순위를 정하는 연습부터 시작해보자.

2008년 1월, 중국 톈양식품의 이른바 '독만두 문제'로 일본 전역이 들썩거렸다.

사건의 발단은 지바千葉 현에서 냉동만두를 먹은 사람들이 복통을 일으키며 입원했는데, 그중 1명인 어린 아이는 생명이 위독한 상황에 이르기까지 했다. 조사결과, 같은 증상을 보인 사람들이 전국 곳곳에서 발생한 사실이 확인되었다.

결국 밝혀진 '현상'은 "냉동만두를 먹은 사람들이 식중독을 일으켰다"는 것이다. 이것은 분명히 '문제'다. 당장 이 단계에서 '해결해야 하는 문제'는 무엇일까?

독자들이라면 무엇부터 시작할 것인가?

가장 먼저 해결해야 하는 문제는 '피해자의 확대'이다. 피해가 커지는 것을 막기 위한 해결책을 찾는 게 중요하다.

그래서 정부나 매스컴은 "이런 사태가 벌어졌다"고 국민에게 알리는 일을 최우선순위에 놓고 대대적으로 보도했다.

물론 그 과정에서 식중독에 걸린 사람들이 먹은 만두가 모두 중국 톈양식품의 현지 공장에서 제조되어 출하된 'JT푸드'의 제품이라는 사실이 밝혀졌다. 각 방송사와 신문사는 만두 이외에도 톈양식품에서 제조한 여러 브랜드의 상품을 보도해 경고했고, 동시에 전국의 판매점은 일제히 상품 회수에 돌입했다.

어느 정도 상황이 진정되면 다음 단계로 넘어간다. 더 이상 피해자가 늘어나지 않는 것이 확인되면 해결해야 할 또 다른 문제가 기다리고 있다.

또 다른 문제란 과연 무엇일까?

원인규명? 아니다. 그것은 '문제'가 아니라 해결책 가운데 하나다.

대답은 판매점과 다른 냉동식품 제조 브랜드 등 사건과 관련이 없는 사람들의 경제적인 '피해'이다.

판매점은 매출에 많은 부분을 차지하던 JT푸드의 냉동식품을 판매할 수 없을 것이고, 다른 냉동식품, 특히 중국산 식품 전체의 매출뿐만 아니라 냉동식품을 제조하는 국내 기업도 큰 타격을 입게 된다.

실제로 내가 컨설팅하고 있던 냉동식품 제조회사 역시 '독만두 사건'과 아무 관련이 없는데도 급격한 매출감소와 생산감소라는 큰 피해를 입었다. 당연히 중화요리 전문점도 직격탄을 맞아 우리집 근처의 중화요리집들은 사건 직후 거의 개점휴업 상태였다. 요코하마의 명물인 차이나타운에도 관광객의 발길이 뚝 끊겼다는 소문이다.

물론 모든 문제는 일시적이고 시간이 지나면 해결될 테지만 안이한 대처는 경제적 손실을 키울 수 있다. 서둘러 피해가 확산되는 것을 막아야 하는 이유가 여기에 있다.

그러기 위해서는 밝혀진 원인을 정리하는 과정이 매우 중요하다. 이것은 피해의 확산이라는 '문제'를 해결하기 위한 한 가지 '해결책'이다. ('한 가지'라고 강조한 까닭은 그 밖에 정부가 '안전인증제도' 등을 내놓는 방법도 생각해볼 수 있기 때문이다. 그리고 대대적으로 사건을 보도했던 매스컴은 냉정하고 차분하게 사실을 정리·보도해야 한다. 시끄럽게 떠들수록 판매점이나 다른 브랜드, 중화요리집

5년이 지나 열린 중국산 독만두 사건 공판

중국 언론 〈신징바오(新京報)〉에 따르면 중국 허베이(河北) 성 스자좡(石家莊) 시 중급인민법원에서 위험물질 투입죄로 기소된 뤼웨팅(呂月庭 · 39)씨, 일명 '중국산 독만두 사건'에 대한 첫 공판이 2013년 7월 30일에 시작됐다. 뤼 씨는 일본에 수출된 농약만두의 제조사인 'JT푸드'의 비정규직 근로자로 당시 회사에 대한 불만으로 냉동만두에 살충제를 주입한 것으로 알려졌다.

그는 법정에서 "비정규직인 나를 차별 대우한 것에 항의하려고 2007년 10월부터 12월까지 3차례에 걸쳐 6~9상자의 냉동만두에 농약 성분을 주입했다"고 말했다. "공장에서 15년 가까이 일했지만 비정규직이었고, 춘절 보너스를 정규직의 1/10밖에 받지 못했다"며 "다른 사람을 해할 목적이 아니라 회사에 경각심을 불러일으키기 위한 일이었다"고 말했다. 그러면서 "범행 뒤 공장 관리자들에게 익명으로 3차례나 편지를 보내 만두에 문제가 있다고 했지만 공장 쪽에서는 아무런 조처도 취하지 않았다"고 말했다.

사건 뒤 'JT푸드'는 만두를 전량 회수하고 공장은 강제 폐쇄했다. 검찰은 "공장에 550만 위안의 손실을 입혔고, 같은 공장에서 일하던 노동자 1,300명이 해고되는 등 사회적 파장이 컸다"며 뤼에게 10년을 구형했다.

의 휴업이라는 2차 피해가 더욱 늘어나기 때문이다.)

 '독만두 사건'에 있어서 우선순위는 다음과 같이 정리할
수 있다.

1. 직접적인 피해를 구제한다.
2. 피해자의 확대를 미연에 방지한다.
3. (원인을 특정함으로써) 간접적인 피해자인 식품업계의 경
   제활동 회복을 돕는다.
4. 이후 같은 사례가 발생하지 않도록 외교적 노력을 포함
   해 다방면으로 대책을 강구하여 실행해 나간다.

대응책을 생각하는
습관 훈련하기

앞서 '독만두' 사건을 사례로 들었다. 어떠한 경우에도 문제
가 생기면,

1. 지금 당장 해결해야 할 문제
2. 다음 단계에서 해결해야 할 문제

등으로 문제의 중요성과 해결의 긴급도를 시간적인 측면에서 순서대로 정리하는 일이 중요하다.

그런데 문제가 발생한 뒤에도 그것을 파악하지 못하는 경우가 있다.

예를 들어 불만사항이 접수되었는데 그것을 고객의 목소리라고 생각지 않고 그대로 방치하거나 중요성을 인식하지 못한 채 "2~3일 지나면 나아지겠지" 하고 안이하게 대응하는 것이다.

강연에서 독만두 사건을 예로 들어 설명하면서 학생들에게 "가장 먼저 해야 할 일은 무엇입니까?"라고 물으면 의외로 대답하지 못하는 경우가 많다(알고 있더라도 틀릴까봐 잠자코 있는지도 모르지만). 가끔 "원인규명"이라고 대답하는 사람이 있는데, 그것은 마치 아이가 갇힌 채 불이 난 집 앞에 서서 발화원인을 조사하려는 것과 같다.

제대로 대답할 수 있었던 독자들은 주변 사람들에게도 같은 질문을 던져보자.

단 1명이라도 "피해가 확대되는 것을 막아야 한다"가 아닌, "원인을 찾아내야 한다"라고 대답하는 사람이 있다면 그는 바로 '아웃!'이다. 위기에 대응할 시점에 그런 사람들밖에 없다면 회사는 큰 위기에 처하게 된다. 위기상황에서 시간은 완벽한 '적'이므로 자칫 문제의 우선순위를 착각했다가는 비극적인 결말에 도달할 수밖에 없다.

최근 대두되고 있는 문제만 해도 그렇다. 저출산, 고령화와 재정적자, 집단 따돌림, 학력저하, 연금개혁, 외교문제 등 정부나 국회의원이라면 충분히 공감하는 것들이다.

하지만 문제를 알고 있다고 해도 한정된 자원을 어디에 사용하든지 기득권을 가진 계층에 의한 '이기심'이 작용하게 마련이다. 그렇게 되면 '문제'의 우선순위가 잘못 정해질 수 있다. 회사든 개인의 경우든 다르지 않다.

다시 한 번 강조하면 문제해결을 위해서는 우선 문제를 정하는 단계가 필요한데, 그것은 현실에서 꽤나 어려운 일이다. 독만두 사건과 같은 일이 발생했을 때 남의 일이라고 지나칠 게 아니라 "내가 책임자였다면 어떻게 했을까" 하고 스스로 해결책에 대해 우선순위를 매기고 대응책을 생각하는 습관을 갖도록 한다. 평소 그런 훈련을 반복하면 문제해결 능력이 향상되어 자신과 직접 관계있는 문제가 발생했을 때 침착하게 대응할 수 있게 된다.

포스트잇으로
모아보는 문제

따라서 문제해결력을 높이기 위해서는 우선 문제를 문제로서 파악하는 것이 전제되어 있어야 한다. 그러기 위해서는 어떻게 하면 좋을까?

우선 일상생활 속에서 스스로 '바람직하지 않다'고 생각하는 현상이 바로 자신이 인식하고 있는 '문제'이다.

방법은 간단하다. 주변에서 일어나고 있는 현상 중에 '바람직하지 않다'고 생각하는 것을 포스트잇에 하나씩 적는다. 회사와 관련된 일이든 자신의 인생에 관한 일이든 어느 쪽이든 상관없다.

포스트잇이 없다면 이 책 뒷부분의 공란에 적어도 된다(가능하면 포스트잇을 사용하도록 하자. 그래야 나중에 없애기 쉽다). 반드시 실제로 적어봐야 문제해결력을 높이는 훈련이 된다.

'옳지 않다' 혹은 '바람직하지 않다'고 느끼는 '현상'이라면 무엇이든 적는다. "너무 바쁘다"든가 "아이와 대화할 시간이 없다" "여행 갈 만한 여유시간이 없다" "이성을 만날 기회가 없다" "출퇴근 때 너무 지친다" "상사와의 관계가 좋지 않다" "부하직원이 말을 듣지 않는다" 등 의외로 문제는 매우 다양해 10개는 족히 떠올릴 수 있을 것이다.

그리고 포스트잇에 적은 것은 나중에 사용해야 하므로 한 곳에 모아놓는다.

긴급도와 중요도에 따라
문제 분류하기

일단 문제를 문제로서 파악했다면 우선순위를 정하는 단계로 넘어가보자. 아무리 문제로 인식했던 일이라도 우선순위가 낮다면 그것은 해결할 의지가 없다고 봐도 무방하다. 다시 말해 우선순위를 매기는 과정을 통해 비로소 그 문제가 시야에 들어오는 것이다.

그런데 여러 가지 문제 중에서 지금 당장 손을 써야 할 것은 무엇일까?

가끔은 우선순위를 착각하거나 우선순위 자체를 생각하지 못해 별것 아닌 문제를 크게 확대시키는 경우도 생긴다. 이것은 문제해결 과정에 있어서도 매우 중요한 부분이다.

우선순위를 정할 때는 시간을 축으로 생각해 '긴급도와 중요도의 4분면 매트릭스' 방법을 사용하면 효과적이다.

48쪽의 그림과 같이 세로축은 긴급도, 가로축은 중요도를 표시한다. 위로 갈수록, 또한 오른쪽으로 갈수록 긴급도와 중요도가 높은 일이다.

가장 먼저 오른쪽 윗부분에 긴급도와 중요도가 모두 높은 일을 표시한다. 예를 들어 "자사 제품에 유해한 물질이 들어갔다"와 같이 우선순위를 매겼을 때 맨 앞자리에 오는 문제가 여기에 속한다. 당연히 이 영역에 적힌 문제부터 대응해야 한다.

다음으로 왼쪽 윗부분에 긴급도는 높지만 중요도가 그다지 높지 않은 일을 표시한다. "오늘 안에 결제하지 않으면 출금이 늦어진다"(규모가 작은 회사에 흔히 있을 수 있는 상황이다)라든가, "오늘 송금하지 않으면 콘서트 예약이 취소된다"와 같이 소소하지만 곧바로 해결해야 할 일이 여기에 속한다. 빨리 해결해야 할 문제이지만 어떤 의미에서 볼 때 앞서 예로 든 위기대응에 비하면 중요도는 현저하게 낮다. 그래도 서둘러 해결할 필요가 있다.

반면, 중요도는 높지만 긴급도가 높지 않은 일도 있다. 그런 문제는 매트릭스의 오른쪽 아랫부분에 놓는다. 예를 들어 "일주일 후 중요한 거래처에서 프레젠테이션할 일이 있다"와 같은 경우이다. 분명 중요한 일이지만 일주일이나 시간적인

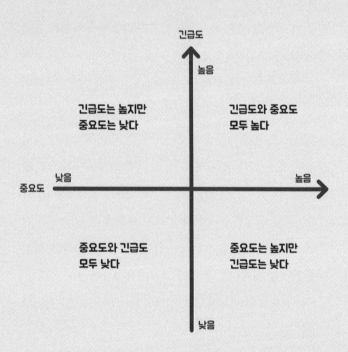

긴급도

높음

긴급도는 높지만
중요도는 낮다

긴급도와 중요도
모두 높다

중요도   낮음   높음

중요도와 긴급도
모두 낮다

중요도는 높지만
긴급도는 낮다

낮음

여유가 있으므로 오늘 당장 대응할 필요가 없다. 물론 프레젠테이션 날짜가 가까워질수록 긴급도가 상승하면서 매트릭스 오른쪽 윗부분으로 이동한다.

마지막으로 왼쪽 아랫부분에는 긴급도도 높지 않고 중요도도 낮은 일을 표시한다.

"한 달 뒤 회사의 단체여행에서 어떤 체험활동을 할 것인지 정하기"라든가, "내일 만나기로 한 친구와의 식사메뉴로 초밥과 이탈리아 요리 중 고르기"(이 문제의 중요도를 높게 생각하는 사람도 있을지 모르지만)와 같은 문제가 여기에 속한다.

중요도와 긴급도를 결정하는 기준

다른 비즈니스 관련서적에도 비슷한 내용이 있지만 일반적으로 중요도와 긴급도의 매트릭스를 통해 해결문제를 구분할 수 있다. 그런데 해보면 알겠지만 이 과정이 생각했던 만큼 간단치가 않다. 성격상 정확하게 구분할 수 있는 일이 많지 않기 때문이다.

시험삼아 포스트잇에 적어놓은, 스스로 바람직하지 않다

고 생각했던 문제를 매트릭스에 붙여보자. 깔끔하게 정리되었는가?

직원 연수에서 "회사의 문제를 10개씩 적어보라"고 한 뒤 매트릭스를 제공하면 대부분 쉽게 붙이지 못한다.

위기대응이 제대로 이루어진다는 것, 혹은 바람직하지 않다고 생각하는 현상 가운데 당장 손을 써야 하는 중요한 문제를 지적해낸다는 것은 긴급도와 중요도의 매트릭스가 이미 머릿속에 들어 있다는 것을 의미한다.

무엇이 긴급하고 중요한 문제인지 확실하게 각인되어 있지 않으면 위기대응은 불가능한 일이다.

또한 시간적으로 여유가 있는 중대한 문제(매트릭스의 오른쪽 아랫부분)에 대해서도 평소 계획적으로 준비하여 전략을 세워두지 않으면 갑자기 상황이 닥쳤을 때 제대로 대처하지 못할 수 있다.

준비되지 않은 사람은 중요도와 긴급도에 대한 감각이 거의 없기 때문에 매사를 느긋하게 생각한다. 회의시간에 문제의 발언이 거론돼도 "그 문제는 이미 알고 있다"는 식으로만 대응한다(감성이랄까, 감도의 문제가 있다는 생각이 들 정도다).

그렇다면 중요도와 긴급도를 쉽게 결정하지 못하는 이유는 무엇일까. 어째서 중요하다거나 시급히 해결해야 한다고 느끼지 못하는 것일까. 그것은 기준이 세워져 있지 않기 때문이다.

예를 들어 기업이라면 "수익과 함께 주어지는 충격이 크다" 혹은 "고객에게 파급될 영향력이 크다"는 식으로 기준을 정해놓으면 중요도를 정하기가 쉽다. 개인적인 일인 경우 가족과 관련된 일을 첫 번째 기준으로 정하는 사람이 있는가 하면, 돈을 중심으로 금전적인 영향을, 혹은 명예나 지명도 등을 기준으로 삼는 사람도 있을 것이다.

사실 누구나 기준은 가지고 있어 의식하지는 않아도 나름의 기준에 따라 판단한다. 그러나 그것을 확실하게 인식하지 못함으로써 실제로 문제가 생겼을 때 중요도나 긴급도 결정에 활용하지 못하는 것이다.

따라서 개별적인 문제에 있어 중요도와 긴급도를 결정하려면 우선 그것을 판단할 기준이 있을 필요가 있다. 대부분 그 기준은 가치관이 바탕이 되어 형성된다.

회사의 경우라면 리더가 판단기준을 제시하면 된다. 그러면 부하직원들도 중요도나 긴급도를 결정하기가 쉽고, 일련의 과정이 반복되는 동안 사원 한 사람 한 사람이 자신의 회사가 어떤 일에 우선순위를 두는지 '가치기준'을 이해하게 될 것이다.

우선순위에 대해 계속 강조하는 까닭은 15개 기업의 비상근 이사와 고문으로 일하면서 고객의 다양한 문제를 접하는 직업적인 영향이 크다. 때로는 기업의 전략을 세우는 일에도 관여하는데, 그때마다 수많은 문제와 당면과제 가운데 무엇을 먼저 해결해야 하는지 끊임없이 고민한다.

한정된 자원을 가지고 보다 나은 선택을 하는 것이 얼마나 중요한지 거의 매일 체험하고 있는 셈이다.

실제로 우선순위를 정하는 일 자체가 전략의 근간이 되는 경우도 적지 않다. 하지만 실제 상황에서는 말하는 것만큼 간단치가 않다.

그렇다면 우선순위를 정하는 능력을 높이는 방법은 무엇일까? 무엇보다 먼저 '기준'을 가져야 하고, 이제부터 등장할 구체적인 훈련법에 주목해보자.

역설적으로 들리겠지만 문제해결이 가능해지면 우선순위도 쉽게 정할 수 있다. 왜 그럴까?

그 이유는 2가지 모두 '논리적 사고력'에 달려 있기 때문이다(논리적 사고력을 높이는 방법에 관해서는 2장에서 자세히 설명할 것이다).

사소한 것에서
시작되는 '문제의 싹'

이제 다음 단계로 넘어가보자.

우선순위를 정하는 일은 어려울 뿐 아니라 깊은 사고를 필요로 한다. 예를 들어 매스컴을 통해 중요하거나 급히 해결해야 할 이슈로 떠오른 일은 많은 사람들이 쉽게 인지하고 있다. 사실 우선순위를 매기기 가장 어려운 것은 매트릭스의 좌측 하단 부분, 즉 급하지도 중요하지도 않은 일이다.

시간관리에 관한 대부분의 책에서는 이 부분에 속하는 업무를 아웃소싱으로 해결하거나 무시하라고 조언한다. 그러나 때로는 그 일이 '문제의 싹'으로 작용하는 사례가 적지 않다. 갑자기 벌어진 일일수록 더욱 그러하다.

즉, 현재 상황에서는 긴급도와 중요도 정도가 미미하지만 방치해두면 확대될 만한 문제, 대개 중요한 '문제의 싹'은 사소한 것에서 시작된다. 중요도와 긴급도가 모두 높은 영역으로 단번에 튀어오르는 것이다.

실제로 문제를 해결하는 상황에서는 '문제의 싹'을 얼마나 빨리 잡아내는지 여부가 매우 중요하다.

예를 들어 밤에 으슬으슬한 기운이 느껴지면서 감기 증상이 나타났다고 하자. 그때 바로 감기약을 먹고 따뜻한 잠자리에서 푹 자고 일어나면 십중팔구 감기에 걸리지 않고 지나간다. 그런데 "이 정도는 괜찮겠지" 하고 야근을 강행한다면 다음 날 아침 고열에 시달리거나 출근하지 못하는 불상사가 벌어지고, 심한 경우 급성 폐렴으로까지 진행될 수도 있다. 입원하고 나서야 "어제 무리하지 말걸" 하고 뒤늦은 후회를 해봐야 이미 늦다.

다시 말해 중요하지도, 급하지도 않던 '약간 으슬으슬한 증상'이 갑작스럽게 긴급히 해결해야 할 중요한 문제로 돌변한 셈이다.

이와 같이 업무에서나 인생에서 '싹'의 상태일 때 미리 제거해야 할 문제들이 있다. 작은 싹일 때 무시한 채 그대로 방치하다가 나중에 중대한 문제로 확대된 후에야 "그때 좀 더 확실하게 대응했어야 하는데……" 하고 후회한다. 누구나 한 번쯤 이와 비슷한 경험을 한 적이 있을 것이다.

고객의 불만사항을 대수롭지 않게 넘기거나 단정치 못한 복장, 인사도 제대로 하지 않고, 고객을 "손님!" 하고 부르는 등의 소소한 문제들이 '싹'이 될 소지가 충분하다.

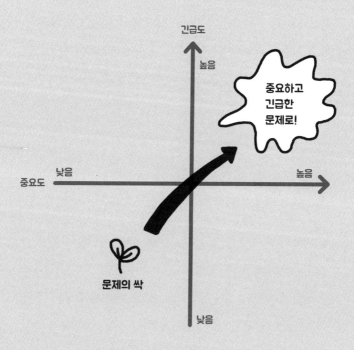

한 가지만 놓고 보면 중요도나 긴급도가 낮고 사소하게 보일지 모른다. 하지만 그대로 방치하면 언젠가 매스컴을 장식하거나 회사에 대한 직원들의 불만이 폭발하고, 매달 매출 목표를 달성하지 못하는 등 큰 문제로 불거지는 것이다. 혹은 고객과 마찰이 일어날 가능성도 있다. 만에 하나 인터넷을 통해 문제점이 퍼져나가는 사태가 벌어진다면 더욱 힘들어진다. 모두가 '문제의 싹'으로 인해 벌어지는 일들이다.

문제의 요소는
작은 싹일 때 잘라낼 것

앞으로 몇 배 확대될 것 같은 문제의 싹은 가능한 사소할 때부터 제거해야 한다. 질병은 물론 가족과의 관계, 연인과의 관계도 그렇다. 동료나 부하직원, 상사, 거래처 담당자, 혹은 고객으로부터 받은 불만사항을 대하는 태도, 사무실의 분위기 등도 마찬가지이다.

문제요소를 작은 싹일 때 잘라내는 것은 비즈니스나 인생에 있어서 매우 중요하며, 결과적으로 일일이 '문제해결'을 위해 애쓰는 수고를 덜 수 있다.

최고의 '문제해결'이란 처음부터 해결해야 할 '문제'를 줄이는 것.

가장 바람직한 것은 '문제'가 없는 상태를 유지하는 것.

아무리 사소한 일이라도 '문제의 싹'을 발견했다면 더욱 커지기 전에 미리 제거하도록 하자.

그러나 현실적으로 사소한 일까지 일일이 신경쓸 수 없는 상황이므로 무언가 기준이 필요하다. 그렇다면 무시하고 넘어가도 되는 현상과 방치하면 큰 문제로 발전될 소지가 있는 현상은 어떻게 구별하면 좋을까.

예를 들어 근무태도가 좋지 않은 사원이 있다고 하자. "내가 너무 예민한가?" "주의를 한 번 줄까?" "어떻게 해야 하나?" 하고 당신이 고민에 빠져 있는 동안 그가 회사 내에서 조직의 분위기를 해치는 중심인물로 자리잡는다면 문제는 더욱 해결하기 힘들어질 것이다.

그것이 책의 앞부분에서 언급했던 시간은 적인가, 아군인가? 즉, '시간은 독인가, 약인가?' 하는 문제에도 해당된다.

시간이 지나면 자연스럽게 사라지거나 혹은 좋아지는 것이 있는 반면, 점점 더 나빠지는 것도 있다. 자기 앞에 놓인 문제의 싹은 어느 쪽에 속하는지 자문해보자.

뛰어난 경영자나 리더들은 대담해 보이지만 한편으로는 섬세하다. 그들은 사람이든 일이든 간에 다른 직원들이 알아차리지 못한 사소한 일에도 곧잘 반응한다. 이것은 문제의 싹이 아주 작을 때부터 파악할 수 있는 감도를 가졌기 때문이기도 하고, 여러 현상에 대해 시간이 효과가 있을지 여부를 판단하는 능력이 탁월하기 때문이기도 하다. 반대로 얘기해 그런 감도가 높은 사람일수록 능력 있는 리더가 될 가능성이 매우 높다.

만일 그 '감도'에 자신이 없다면 문제의 싹을 알아차린 시점에 모두 대응하는 것이 바람직하다. 개인적인 경험으로 볼 때 특히 초기 시점에는 다소 과민할 정도로 세심하게 관리하는 편이 문제를 방지하는 데 도움이 된다. 앞서 강조했듯이 최강의 '문제해결력'이란 '문제해결'을 하는 일 없이 넘어가는 상태를 유지하는 것이기 때문이다.

지금까지의 내용을 정리하면 다음과 같다.

긴급도와 중요도가 낮은 일 중에 방치했다가 단번에 급히 해결해야 할 중대한 문제로 발전하는 '문제의 싹'이 숨어 있는 경우가 많다.

이러한 '문제의 싹'을 가능한 빨리 제거하는 것이 문제해결의 중요한 포인트 중 하나이다.

다운사이드 리스크
측정하기

끊임없이 일어나는 사소한 현상 중에 방치해서는 안 될 문제의 싹은 무엇이며, 자연스럽게 시간이 해결해주는 현상은 무엇일까? 그리고 그것을 구분하는 기준은 무엇이며, 생각지도 못한 현상의 중요도와 긴급도를 어떻게 측정하면 좋을까?

이 질문에 대해 한 가지 도움이 될 만한 사고방식을 소개한다. 그것은 바로 '다운사이드 리스크downside risk'라는 개념이다.

다운사이드 리스크는 비즈니스에서 매우 중요한 개념으로, 실패했을 때 입을 수 있는 최대한의 리스크와 손해를 말한다. 흔히 다운사이드 리스크가 클수록 중요도는 높아진다. 또한 대응이 늦어질수록 다운사이드 리스크 역시 점점 커지므로 긴급도 역시 높아진다.

예를 들어 어떤 직원의 태도가 거슬리기 시작한 경우, 그 직원이 다른 직원이나 담당하고 있는 일의 내용에 끼칠 영향력에 따라 다운사이드 리스크에 대한 평가도 달라진다(적어도 새로 구입한 복사기의 성능이 좋지 않다는 이유만으로도 다운사이드 리스크는 달라질 수 있다).

이처럼 예상치 못한 현상을 발견하면 그것이 최악의 상황으로 진행되었을 때 손해가 어느 정도 발생할지를 생각해 다운사이드 리스크를 추측하는 것이다.

이것이 문제의 우선순위, 다시 말해 중요도와 긴급도를 결정하는 중심요인이 된다.

바꾸어 말하면, 사소한 일이라도 다운사이드 리스크를 항상 염두에 두는 습관을 가지면 문제의 우선순위를 정하는 능력도 향상된다.

앞서 적어놓은 포스트잇을 중요도와 긴급도의 매트릭스에 붙였다면 그중 한 가지 문제에 다운사이드 리스크를 첨가해서 적어보자. 방치했을 때 최대한 어느 정도의 리스크를 불러올지 예상하는 것이다. 그리고 생각해보자.

지금 붙여놓은 문제의 위치는 적절한가?

만약 잘못되었다는 생각이 들면 다시 붙여보자. 지금은 어떠한가?

회사 내의 문제에 대해 팀원들과 함께 다운사이드 리스크를 생각하면서 매트릭스를 구성해보는 것도 바람직하다. 그럼으로써 각자의 입장에서 자신만의 문제를 다루는 능력도 향상되는 효과가 있기 때문이다.

문제해결에 능숙하다면 긴급도와 중요도를 확실하게 구분할 줄 아는 사람이다. 그리고 그것을 결정하는 근거는 다운사이드 리스크의 정확한 측정이다.

적확한 판단이 가능하다는 것은 다운사이드 리스크에 대한 정확한 예상이 가능하다는 의미이다.

새로운 문제가 발생하면
우선순위는 바뀐다

티베트에서 독립운동이 일어나 중국이 무력으로 진압했다는 뉴스를 보면서 나는 '앞으로 독만두 문제가 빨리 해결되겠구나' 하고 생각했다.

왜냐하면 당시 중국 정부의 긴급도와 중요도 매트릭스에서 가장 중요한 것은 8월 북경 올림픽의 성공적인 개최였는데, 뉴스에서 중국 대사관을 겨냥한 세계 각지의 데모 때문에 성화 봉송과정이 수월치 않을 것이라고 보도했기 때문이다. 독만두 문제 역시 중국 내에서 생산된 음식의 안전성 측

면에서 올림픽에 영향을 미칠 수 있지만 티베트 문제에 비하면 작은 것에 불과하다. 그렇다면 일본 정부나 일본인의 반감을 불러일으키는 것은 불리하다고 판단할 것이고, 일본의 주장대로 독만두 사태의 원인이 전적으로 중국에 있음을 인정하는 편이 사태해결에 유리하다고 생각할 것이기 때문이다.

티베트 폭동과 같은 중요하고 긴급한 현안, 즉 다운사이드 리스크가 큰 문제가 발생했기 때문에 그때까지 긴급하고 중요했던 문제가 상대적으로 가벼워진 것이다.

그런데 이후 성화 봉송 때 벌어진 혼란과 달라이라마와의 대화 등은 뉴스를 통해 보도되었지만 독만두에 대한 이야기는 없었다. 일본과의 관계는 만두문제로 인해 돌이킬 수 없다고 판단했기 때문일까? (이 원고를 집필할 당시 갑자기 사천성에서 대지진이 발생했다. 수백 명이 목숨을 잃은 참사였으니 중국 정부의 입장에서 보면 긴급하게 대응해야 할 우선순위가 또다시 바뀐 셈이다. 이것은 일본이나 다른 나라에도 우선순위의 변화를 불러올 수밖에 없다. 실제로 프랑스의 사르코지 대통령은 티베트 독립과 관련해 올림픽 출전 자체에 불쾌감을 드러냈지만 지진발생 직후에는 인도적 견지에서 전면적으로 협력할 것을 발표했다.)

이것을 한 문장으로 정리하면 다음과 같다.

새로운 문제가 발생함으로써 기존 문제의 긴급도와 중요
도가 달라진다.

따라서 문제가 생길 때마다 무엇이 우선순위가 가장 높은
지 중요도를 판단하는 것이 중요하다.

그리고 판단할 때는 다운사이드 리스크를 생각해야 한다.

1장 정리

1. '문제'를 특정화하려면 '우선순위'부터 정해야 한다.

2. 해결해야 할 문제의 우선순위는 다운사이드 리스크 평가로 결정한다.

3. 중요하지도, 긴급하지도 않은 사소한 현상 중에는 방치하면 확대될 '문제의 싹'이 존재한다.

4. 문제의 우선순위는 문제의 싹이 커질 위험이 있다거나 새로운 문제가 발생함으로써 시시각각으로 변한다.

5. 문제를 해결하는 일 없이 끝날 수 있는 상태를 유지하는 것이 최강의 문제해결력이다.

근본문제를
해결하라

문제에 대해 충분히 인지했으면 앞으로 할 일이 더욱 중요하다. 문제를 안다고 해도 손을 대지 않으면 아무것도 변하지 않기 때문이다. 대응 가능한 '문제'를 결정한 뒤, 어떤 '문제'에 어떤 '순서'로 자원을 분배할지를 결정하는 것이 현실적인 문제해결을 위한 포인트다.

'근본적인 문제'란
무엇인가

1장에서는 선택한 문제에 우선순위를 부여하는 방법에 대해 이야기했다.

이번 장에서도 문제가 무엇인지 분명히 정해놓는 방법에 대해 다루되, 그중에서 근본적인 문제와 관련해 소개하기로 한다. 근본적인 문제(근본문제)란 문제의 핵, 즉 진짜 원인을 말하는 것으로 이것을 가려내지 않는 한 진정한 문제해결이 마무리되지 않는다.

2장에서는 여러 가지 도구, 즉 '로지컬 트리'와 'UDE'를 이용해 근본문제를 결정해보기로 하자(2가지 도구 모두 꽤 복잡한 구조이지만 간단하게나마 소개한다. 한번 익혀두면 평소 쉽게 활용이 가능한 도구이다).

먼저 '로지컬 트리'부터 시작하자.

문제를 분해하기 위한
로지컬 트리

내가 사용하는 로지컬 트리는 간단한 것으로 주로 거대한 문제를 차례로 분해하는 데 사용한다. 단, 그 과정에는 논리가 요구되므로 기본적인 지식을 갖추고 있어야 하는 경우도 적지 않다.

예를 들어 '이익이 낮다'는 바람직하지 않은 현상(=문제)이 발생했다고 하자. 이것은 어떤 회사에서도 일어날 수 있는 '문제'이다. 단순히 "이익을 늘리기 위해 노력하자"는 식의 구호만으로는 절대 문제가 해결되지 않는다는 사실은 누구나 알고 있다. 이 상황을 분해하고 근본문제가 무엇인지 찾아내야만 해결책을 유추해내기가 쉽다. 이번에는 회계적으로 분해한 로지컬 트리를 활용하여 생각해보자.

먼저 회계 측면에서 이익이 낮은 이유로 다음 2가지를 생각해볼 수 있다.

① 매출이 오르지 않는다

② 비용(코스트)이 높다

그리고 ①의 "매출(= 수량×단위)이 오르지 않는다"는 다음과 같이 분해할 수 있다.

①-1 제품문제

①-2 가격문제

①-3 유통 채널의 문제

①-4 프로모션의 문제

결국 이것은 마케팅 전략의 문제이다(여기서는 "매출이 오르지 않는다"라는 문제를 분해하는 데 '마케팅의 4P Product/Price/Place/promotion 개념을 활용했다. 이것 역시 분해하는 도구 중 한 가지로, 이미 알고 있는 독자들도 많을 것이다. 콘셉트를 알고 있으면 분해가 한결 수월해진다).

②의 '비용이 높다'에 관해서는 다음과 같이 나누어볼 수 있다.

②-1 매출원가가 높다.

②-2 일반관리비가 높다.

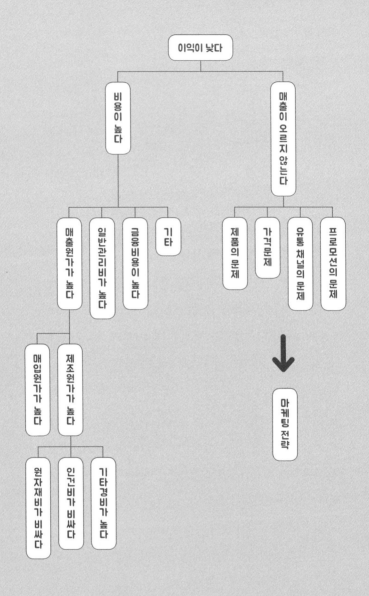

②-3 금리 등의 금융비용이 높다.

②-4 기타

특히 ②-1의 '매출원가가 높다'는 2가지로 나눌 수 있다.

②-1-1 제조원가가 높다.

②-1-2 매입원가가 높다.

②-1-1의 '제조원가가 높다'는 다시 원자재비와 인건비, 그리고 기타비용 등으로 세분화해서 생각할 수 있다.

마찬가지로 ②-2의 일반관리비에는 인건비와 운송비, 임대료 등이 포함되어 있으며, 인건비 역시 정직원과 시간제 근무 직원, 외주 인력비 등으로 분해가 가능하다.

위와 같이 하나씩 분해함으로써 무엇이 매출상승을 방해하고 있는지, 또는 비용을 높이고 있는지 분명히 판단할 수 있다.

더욱이 동종업계의 타사 마케팅 전략이나 비용 구조를 분석함으로써 "동종업계의 타사에 비해 인건비와 운송비(발송비와 배달비)가 매출 대비 ○퍼센트 높다" 혹은 "3년 전에 비해 ○퍼센트 높다"와 같은 식으로 비용을 높이는 진짜 문제점(원인)을 파악할 수 있다.

회계·통계 관련 기초지식을
도구로 삼기

위의 사례에서는 회계적인 측면에서의 프레임워크를 활용하여 문제를 분석해보았다. 비용을 우선 매출원가와 일반관리비, 금융비용 등으로 분해하고, 이것을 다시 제조원가와 인건비 등으로 세분화했다. 이것은 재무회계의 기본인 '손익계산서'와 각종 원가, 경비항목 등을 분해방법으로서 활용한 것이다.

여기에 진짜 문제가 무엇인지를 분석하기 위해 '인건비÷매출'이나 '운송비÷매출' 등의 비율을 활용하기도 한다. 보다 복잡한 분석을 해야 하는 경우에는 부가가치에 대한 인건비의 비율(노동분배율)을 지표로 삼거나 금융비용적인 측면(이것은 다소 계산이 까다롭다), WACC(부채와 순자산을 가중평균한 조달비용), WACC를 활용한 EVA(경제적 부가가치) 등의 매우 복잡한 개념을 이용하기도 한다.

그러기 위해서는 손익계산서를 읽을 수 있는 '재무회계' 지식뿐 아니라 '관리회계' 지식도 필요하다(일반 독자들에게는 다소 어려울지 모르겠다. 전문분야가 관리회계라 이야기가 길어졌다).

그 외에 가끔 분포나 상관을 중회귀분석(변동의 구조를 분석하는 회귀분석에서 설명변수說明變數가 여러 개 있는 것 – 옮긴이) 등으로 조사하거나 이동평균법(단위가 다른 경우에 단가를 결정하는 원가법-옮긴이) 등의 기법을 활용하기도 하는데, 이것은 통계지식을 필요로 하는 도구이다.

지식은 도구로서 이 도구를 능숙하게 다룰 수 있다면 분해작업은 훨씬 더 쉬워지는 법이다. 또한 첫머리에서도 언급한 바와 같이 다양한 도구의 활용에 익숙해지면 어떤 도구를 활용하면 분해하기가 더 쉬운지 직감적으로 알게 된다.

그러기 위해서는 회계와 통계의 기초적인 지식을 가질 필요가 있는데 그다지 두려워할 게 없다. 간단하면서도 알기 쉽게 설명한 교재가 넘쳐나기 때문이다(《회사에서 꼭 필요한 최소한의 숫자력》을 활용해도 된다).

기초적인 도구를 학습하고, 전체적인 틀(프레임워크)을 파악하는 것만으로도 문제해결은 한층 더 쉬워진다.

이 원고를 집필하기 직전, 고객으로부터 로지컬 트리를 활용해 해결하기에 적당한 의뢰가 들어왔다.

운송업을 하는 이 거래처 사장은 이익이 감소하고 있다며 내게 도움을 요청했다. 사업내용을 살펴보니, 자사 소유의 차량과 다른 운송회사의 차량을 외주로 운행하고 있는데 이 부문을 비롯해서 회사 전체의 이익이 감소하고 있었다.

로지컬 트리를 사용하면 쉽게 근본적인 문제를 찾아내 해결할 수 있다. 독자들이라면 이 사례에 어떤 로지컬 트리를 만들 것인지 잠깐 생각해보자.

우선 2가지로 나눌 수 있을 것이다. 한 가지는 자사차량을 이용한 운송, 다른 한 가지는 외주차량을 이용한 운송. 그리고 각각 매출과 비용을 따로 계산한다.

매출에서 비용을 뺀 올해 이익의 절대액과 전년도와의 차액을 자사차량과 외주차량으로 구분해 기록한다.

다음에는 매출증감액과 비용증감액을 적는다. 다시 말해 올해 자사차량이 올린 매출의 절대액과 전년도 대비 증감액, 비용의 절대액과 전년도와의 증감액을 계산하는 것이다. 외주차량 역시 같은 과정으로 산출한 금액을 적는다.

그러면 이익이 하락하고 있는 쪽이 자사차량인지 외주차량인지 정확하게 파악할 수 있다. 뿐만 아니라 이익감소가 각각의 매출하락 때문인지 아니면 비용상승에 의한 것인지, 혹은 2가지 모두에 원인이 있는 것인지도 알 수 있다.

비용상승에 의한 것이라면 그것을 자사차량의 경우 인건비와 화물비, 연료비 등으로 분해할 수 있다(외주차량은 매입비용만 발생한다).

이와 같은 식으로 원인을 찾아낼 수 있다면 대응책에 대한 검토 또한 얼마든지 가능하다. 매출이 떨어지고 있다면 영업

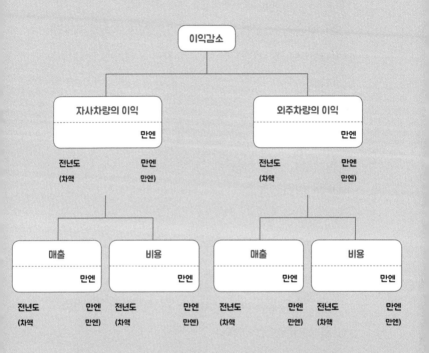

이나 가격을 포함한 마케팅 분야의 대응책을 검토할 수 있을 것이고, 비용의 문제라면 원가관리 문제나 외주 사업자와의 비용에 대한 교섭을 생각해볼 수 있을 것이다.

매우 단순해 보이는 경우도 로지컬 트리를 활용해 분해하는 습관을 들이면 본질적인 문제를 찾아내 해결하기가 쉬워질 것이다.

바람직하지 않은 현상
UDE로 정리하기

내가 즐겨 사용하는 또 한 가지 분해도구를 소개하면 바로 UDE다.

UDE는 'Undersirable Effects'의 약자로, '바람직하지 않은 현상'이라는 의미이다.

1장에서 "현상 중에서 문제가 있고, 그중에 바람직하지 못한 것을 '문제'라고 한다"고 말한 바 있다. 이때 등장한 것이 바로 UDE이다. 지금까지 몇 차례 사용한 '바람직하지 않은 현상(=문제)'이라는 표현은 모두 UDE라고 할 수 있다. 약자로 표기해 달라 보일 수 있지만 당연한 개념이라 그다지 어려울

것도 없다.

만약 아직 일련의 문제를 포스트잇에 써보지 않은 사람이라면 이번 기회에 행동으로 옮겨보자. 이미 써놓은 독자들은 메모 중에서 일과 직장에 관련된 것만 추려보자.

포인트는 가능한 짧은 문장으로 적는 것이다. 예를 들어 "매출이 오르지 않는다"라든가 "이익이 나지 않는다" "지각을 반복하는 직원이 있다" "신제품 개발이 더디다" "직원 교육이 충분치 않다" 등의 식으로 적으면 된다.

이때 한 줄짜리 짧은 문장 속에 "매출이 오르지 않아서 이익이 나지 않는다"처럼 '논리'를 집어넣지 않도록 주의한다.

직접 써보면 의외로 많은 문제가 있음을 실감할 것이다. 보통 최소 10개에서 많게는 20여 개 정도 수준이다.

포스트잇으로 만드는
UDE 트리

이제 자신이 쓴 포스트잇을 벽에 붙여보자. 이번에는 '중요도와 긴급도 매트릭스'와는 다른 포맷으로 붙이는데 바로 트리(나무) 형태로 나타내는 것이다.

로지컬 트리와는 조금 다른 트리(이것 역시 논리를 구성하는 트리이므로 로지컬 트리라고도 말할 수 있으나 헷갈릴 수 있으므로 'UDE 트리' 또는 그냥 '트리'라고 부른다)이다.

자신이 적은 한 가지 UDE를, 상하관계에 맞게 붙여 나가는데 결과는 위쪽, 원인은 아래쪽에 배치한다(81페이지 그림 참조).

이것을 자세하게 설명하기 위해서는 책 한 권 분량이 되므로 될 수 있는 한 간단하고 쉬운 방법을 소개하기로 한다. 실제로 해보면 근본문제를 결정하는 데 매우 유용한 과정임을 알 수 있을 것이다.

UDE 트리 안에서
근본문제 찾기

직접 만든 UDE 트리가 완성되었는가?

지금까지의 경험으로 미루어볼 때, 기업의 경우 트리 가장 윗부분에는 대부분이 경제적인 현상이 자리잡는다. "이익이 발생하지 않는다"의 원인으로 "신제품이 출시되지 않는다" "고객대응이 나쁘다" 등이 대표적이다. 그 밖에 "불만사항이

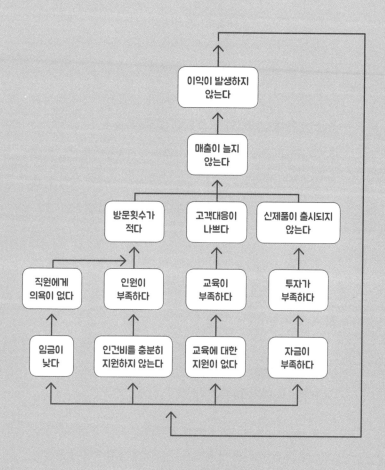

이익이 발생하지
않는다

매출이 늘지
않는다

방문횟수가
적다

고객대응이
나쁘다

신제품이 출시되지
않는다

직원에게
의욕이 없다

인원이
부족하다

교육이
부족하다

투자가
부족하다

임금이
낮다

인건비를 충분히
지원하지 않는다

교육에 대한
지원이 없다

자금이
부족하다

많다"·"방문횟수가 적다"와 같이 고객과 관련된 문제도 자주 등장한다(이것이 근본적인 문제인 경우도 있다). 그리고 하단에는 조직의 성격이나 조직풍토의 문제, 즉 "인원이 부족하다"나 "직원에게 의욕이 없다"·"직원들의 능력이 떨어진다"·"교육이 부족하다" 등이 주로 등장한다. 여기에 '경영자의 자세(마인드)'가 문제로 나타나는 경우도 있다.

맨 위쪽의 "이익이 발생하지 않는다"로 시작해 점점 아래로 내려가면서 마지막 지점이 곧 근본적인 문제인 것이다. 근본적인 문제는 1개일 수도 있고 여러 개일 수도 있다.

결론적으로 "이익이 발생하지 않는다"라는 것은 그 자체를 해결할 수 있는 '문제'가 아니라 표면적으로 드러난 경제적으로 '바람직하지 않은 현상(UDE)'인 셈이다.

네거티브 루프가
나타날 때까지 파헤치기

그런데 UDE 트리의 맨 위에 있는 "이익이 발생하지 않는다"는 가장 아래에 있는 "교육에 대한 지원이 없다"로 돌아갔다가 다시 "교육이 부족하다"에서 "고객대응이 나쁘다"로, 여기서 다시 "이익이 발생하지 않는다"로 순환하는 경우가 있다. 이런 순환을 부정적인 순환, 다시 말해 '네거티브 루프'라고 부른다.

트리를 따라 어떻게 순환되는지 생각해보면 반드시 네거티브 루프가 나타나는데, 이것을 나쁘게만 평가해서는 안 된다.

왜냐하면 트리 안에서 네거티브 루프가 나타나지 않으면 근본문제가 어디에 있는지 알 수 없기 때문이다.

마치 오셀로 게임(상대의 말을 자신의 말 사이에 놓아 자기 말의 색깔로 바꾸는 게임 - 옮긴이)처럼, 네거티브 루프의 카드 하나를 뒤집으면 연결되어 있는 카드가 모두 바뀌면서 대부분의 문제가 해결된다. 따라서 그런 UDE카드만 찾으면 원하는 대로 근본문제 해결의 열쇠를 쥐게 되는 것이다.

물론 이렇게 해서 찾아낸 근본문제라 할지라도 원인을 파고들어가면 이면에 내재된 진짜 문제가 드러나는 일도 있다. 트리를 만드는 과정에서나 트리를 완성한 후에도 논리가 맞지 않는 부분이 있는지 체크하도록 하자.

"○이므로 △다"라고 적힌 카드 한 장 한 장이 논리적으로 올바른 관계에 놓여 있는지 생각한다. 이때 포인트는 책머리에서도 언급한 바와 같이 3가지 키워드를 떠올리는 것이다.

'왜?'

'정말?'

'그래서?'

직장 내 팀원들과 함께 트리를 작성한 경우라면 서로 의견을 교환하는 것도 좋은 방법이다.

실제로 근본문제에 도달하기 위해서는 정교하고 논리적인 사고력이 필요하다. 여럿이 함께 생각하면 정밀도도 그만큼 높아진다.

예를 들어 "사내 커뮤니케이션이 이루어지지 않는다"라는 근본문제를 생각한 경우, 그 원인이 '불공평한 인사평가 제도'에 있음을 찾아내기도 한다.

내 경험으로 비추어봤을 때 몇 시간이면 꽤 많은 근본문제를 알 수 있다.

지금까지의 내용을 정리하면 다음과 같다.

1. UDE를 포스트잇 등의 카드에 적는다.

2. 원인(아래)과 결과(위)가 서로 연관되도록 붙인다.

3. 네거티브 루프가 나타날 때까지 트리를 만들고, 그 안에서 근본문제를 찾아낸다.

4. 근본문제에서 한 걸음 더 나아가 진짜 문제가 무엇인지를 정한다.

5. 근본문제는 한 가지로 한정시키지 않는다.

이렇게 정리하면 당연해 보이는 일인데도 사실 근본문제를 찾아내지 않고 표면적인 현상만으로 개선책을 생각하는, 다시 말해 표면적인 현상에 대한 대응만을 실행에 옮기는 경우가 적지 않다.

열이 난다고 이마에 수건을 얹고 해열제를 먹는 것과 다르지 않다. 열이 나는 증상은 어딘가에 염증이 있고, 그것이 곪아 있을 가능성이 있다. 이러한 근본적인 원인을 찾아내어 대응하지 않는 한 진정한 해결은 이루어질 수 없다.

그러한 근본적인 문제를 찾아내는 것이 바로 UDE라 할 수 있다.

도구 활용 전에
대응 가능성 검토

문제에 대해 충분히 인지했으면 앞으로 할 일이 더욱 중요하다. 문제를 안다고 해도 손을 쓰지 않으면 아무것도 변하지 않기 때문이다. 평론가라면 단순히 문제를 지적하는 것으로 끝날 테지만 비즈니스맨은 실제로 문제를 해결하여 결과를 만들어내지 않으면 안 된다.

그러니 곧장 문제해결에 도움이 되는 도구를 활용하면 되리라 생각하겠지만, 그 전에 짚고 넘어가야 할 단계가 있다. 바로 대응 가능성의 검토이다.

즉, 내(혹은 우리) 힘으로 대응할 수 있는 문제인지를 검토하는 것이다.

만일 이익이 발생하지 않는 가장 근본적인 문제가 엔고고 현상이라면 어떻게 대응할 수 있겠는가? 일본은행 총재가 아닌 이상 무리일 것이다. 개인이나 회사가 달러 매수에 개입하는 일은 거의 불가능하기 때문이다.

따라서 엔고 이외에 대응 가능한 문제를 찾아야 한다.

엔고에는 대응하지 못하더라도 비용절감이라면 가능하다. 실제로 수십 년 전 닉슨쇼크(1971년에 닉슨 대통령이 발표한 달러 방어정책 - 옮긴이)와 1, 2차 오일쇼크 당시 자동차를 중심으로 한 일본의 수출산업은 엄격한 비용절감으로 험난한 시기를 넘어 유수의 세계적 기업으로 발돋움한 바 있다.

지구 환경과 관련한 문제도 마찬가지다. 지나치게 광범위한 문제이기 때문에 하나의 기업이 대응할 수 없을 것으로 생각하기 쉽지만, 마스키법(미국의 자동차 배기가스를 규제하는 법) 제정에 대비해 일본의 자동차 회사가 재빨리 대응함으로써 미국 자동차 회사의 공세를 견뎌낸 사례만 봐도 일개 기업이라도 어떤 대응책을 찾을 수 있다.

물론 정치·경제적인 문제가 아니더라도 현재 자신이 가진 자원으로는 대응 불가능한 근본문제도 있다.

사실상 회사에는 자원의 제약이 있다. 돈만 투자하면 쉽게 해결될 만한 문제이지만 기업의 재정상황에 따라 힘들 수 있다. 뿐만 아니라 인력 면에서의 제약이 따르기도 한다. 기업 내에 우수한 인재만 모여 있는 것은 아니기 때문이다.

또한 비즈니스에서 시간제약은 항상 존재한다(일을 못하는 사람은 대부분 자금이나 인력, 시간부족을 핑계로 '불가능한 일' 혹은 '하지 않는 이유'를 정당화하는데 그런 사람은 제외하기로 하자. 이 책은 한정된 자원을 활용해 어떻게 해야 일할 수 있을지를 생각하는 사람을 대상으로 기획되었기 때문이다).

결국 대응 가능한 '문제'를 결정한 뒤, 어떤 '문제'에 어떤 '순서'로 자원을 분배할지를 결정하는 것이 현실적인 문제해결을 위한 포인트이다. 다시 말해 대응 가능성을 검토한 후 해결할 수 있을만한 일 가운데 가장 효과적인 근본문제를 정하는 것이다.

지금까지 경험으로 미루어볼 때 대부분의 조직에서는 인원부족이나 교육부족, 조직구성이나 커뮤니케이션 문제, 경영자의 리더십 등이 근본문제로 작용하는 경우가 많다.

다시 한 번 정리하면 대응 가능한 문제에 대해 우선순위 또는 외부적·내부적 환경을 고려한 뒤 자원의 투입과 배분을 검토해야 한다.

(긴급도와 중요도를 생각해 어떤 '카드를 뒤집을지[= 어떤 UDE를 해소할지]' 정하는 것이다.)

이렇게 해서 마침내 해결해야 될 진짜 문제를 결정했다. 이 책도 거의 중간 지점에 도달했다. 지금까지 내용을 통해 독자들의 논리적 사고력도 꽤 높아졌으리라 예상하지만 아직 절반이 남아 있다.

3장에서는 위의 과정을 통해 드러난 문제에 대한 해결책을 찾는 방법에 대해 소개하기로 한다.

2장 정리

1. 로지컬 트리를 활용해 문제를 분석할 수 있다.

2. 마케팅, 회계 등의 프레임워크를 알면 문제를 분해하기가 쉽다.

3. 바람직하지 않은 현상을 UDE=Undersirable Effects라 하고,
   여러 UDE 사이의 관계를 트리로 표현함으로써 근본문제를 찾
   아낼 수 있다.

4. 네거티브 루프가 드러날 때까지 트리를 작성한다. 네거티브 루
   프를 끊을 대응 가능한 UDE가 바로 근본문제다.

3

문제를
검증하라

문제해결의 첫 단계는 충분한 데이터를 수집하는 일이다. 충분한 정보가 없는 상황에서 간단하게 결론 내는 일은 금물이다. 논리를 무시한 결론을 얻지 않으려면 '어느 부분의 정보가 부족한가', '무엇을 가정하여 생각할 것인가'를 정확하게 구분짓는 것이 중요하다.

서둘러 답을
얻으려 하지 말 것

이탈리아 브랜드의 일본법인 문구회사의 사례가 등장했던 첫머리에를 읽고 궁금해 하던 정답을 공개할 순간이 왔다.

　이제부터는 해당 사례를 기초로 하여 문제해결 방법에 대해 이야기하고자 한다.

　기억을 상기시키기 위해 내용을 다시 한 번 살펴보자.

〈사례 1〉

A사는 이탈리아 고급 문구 브랜드의 일본 법인이다. 50년 이상 일본에서 이탈리아산 제품을 판매하였고, 일본에서의 브랜드 인지도가 제법 높은 편이다. 4년 전 스카우트된 무역

회사 출신의 전前 사장이 재임하던 지난 4년간 매출은 4억 엔에서 8억 엔으로, 이전에 4,000만 엔이던 이익은 20퍼센트 상승한 4,800만 엔이다.

그러나 할인점과 대형 가전대리점 등으로 판로를 확대한 탓에 기존 80퍼센트였던 백화점 판매율은 50퍼센트까지 하락했다. 브랜드 이미지 역시 예전보다 낮아지고 있고, 이전에는 35퍼센트에 달하던 순이익도 23퍼센트로 하락한 상태다.

A사는 규모가 작은 편이어서 사장과 2명씩의 동일본(관동지방)과 서일본(관서지방) 영업담당, 그리고 사무보조 여성 2명 등 직원은 7명이다.

영업자의 급여는 연간 실적에 따른 연봉제로서, 매출과 이익에 따른 보너스가 지급된다. 최근 매출과 이익이 증가하면서 보너스를 포함한 영업자의 연봉이 4년 전에 비해 20퍼센트 정도 높아진 셈이다.

그런데 사장이 매출과 이익에 따른 보너스 수령 후 다른 회사로 전직해버리는 바람에 A사는 새롭게 당신을 사장으로 스카우트했다.

구성원 역시 4년 전과 같은 상황이라면 사장인 당신이 가장 먼저 해야 할 일은 무엇인가?

- 브랜드 이미지를 되돌려놓는 것이 선결과제이므로, 할인
  점 판매를 중단하고 백화점 매출에 집중하겠는가?

첫머리에서도 이야기했듯이 여러 기업에 강의를 다니며 같은 질문을 해보면 위와 같은 의견이 대부분이다.

그렇다면 독자들이 생각하는 정답은 무엇인가?

"위의 내용만으로는 판단할 수 없다."

내가 생각하는 진짜 정답은 이것이다. 왠지 허무한 것 같지만 사실이다.

앞에서 "서둘러 답을 얻으려 하지 말 것"이라고 말한 것을 기억하는가? 사실은 이것이 〈사례 1〉의 정답이었다! 단순히 위의 글을 읽고 올바른 대답을 찾기는 어렵다. 아니, 답을 얻으려고 하는 일 자체가 무리다. 합리적인 결론을 내리기에는 정보가 지나치게 적다는 느낌을 받았는지 여부가 중요하다.

필요한 정보를
수집하고 분석하기

"브랜드 이미지를 되돌려놓기 위해"라는 대답이 가장 많이 나왔지만 과연 브랜드 이미지가 하락했다는 것이 사실일까? 그 증거는? 근거는 무엇일까?

그리고 브랜드 이미지는 어째서 그토록 중요한 것일까?

이 질문에는 대부분이 "고객을 위해서"라고 대답한다. 현재 고객의 만족도가 떨어진 상태라고 생각하는가? 그렇게 생각한 근거는?

확실히 브랜드 이미지 하락으로 인해 고객만족도가 떨어지고 향후 매출이 감소할 것이며, 가격경쟁에 휘말리기 시작하면 이익 역시 점점 더 줄어들지 모른다. 하지만 그것은 어디까지나 브랜드 이미지 하락으로 고객만족도가 떨어졌다는 전제에 따른 예측에 불과하다.

현실에서의 결과는 정반대였다. 매출은 오히려 이전보다 늘었기 때문이다. 그렇다면 브랜드 이미지가 최근 4년간 하락하고 있는지, 고객만족도가 떨어졌는지 조사할 필요가 있다. 만일 4년 전 데이터가 없다면 경쟁 브랜드와의 비교도 좋으니 일단 조사부터 해보아야 한다.

또한 이탈리아 본사의 의향도 현재로서는 알 수 없다. 물론 브랜드 이미지를 떨어뜨리는 것은 달가워하지 않겠지만 펀드 등을 보유해 '단기 이익'을 노리고 있는지, 아니면 전통적인 패밀리 경영으로 단기적인 이익을 무시하더라도 브랜드의 이미지 향상을 추구하는지는 정확치 않다(일본에서는 고급 이미지지만 본국에서는 그다지 지명도가 높지 않은 브랜드도 있다).

어쨌든 현상을 객관적으로 파악하기 위한 정보수집이 가장 먼저 할 일이다. 모르는 일을 '가정'만으로 진행한다면 다음과 같은 방식으로 결론을 유추할 수밖에 없다.

"현재 브랜드 이미지가 상당히 하락한 상태라고 가정하면……."

"고객만족도는 그다지 저하되지 않았다고 가정하면……."

"본사의 의향은 브랜드 이미지 유지를 중시할 것으로 가정하면……."

바꾸어 말해 '가정하면'이라고 말한 것은 조사 가능한 데이터를 모아 정확한 결론을 낼 수 있다는 의미가 된다.

충분한 정보가 없는 상황에서 간단하게 결론을 내는 일은 금물이다. 경영자나 컨설턴트가 역술인과는 다르지 않은가.

다시 한 번 정리하면, 논리를 무시한 결론을 얻지 않으려면 '어느 부분의 정보가 부족한가', '무엇을 가정하여 생각할 것인가'를 정확하게 구분짓는 것이 중요하다.

그런데 만약 브랜드의 이미지 하락이 사실이라면 어떻게 해야 할까?

일단 하락한 브랜드 이미지를 회복하는 것은 그다지 쉽지 않다. 모처럼 할인점에서 매출이 오르고 이익을 내고 있으므로 이곳에서의 매출을 지금보다 늘리는 전략을 세워볼 수 있다. 비록 브랜드 이미지는 떨어졌는지 몰라도 고객만족도가 낮아지지 않고 오히려 상승한 경우라면 충분히 생각해볼 만한 전략이다.

더욱이 백화점 판로를 다시 한 번 회복하기 위해 지금의 라인업보다 한 단계 위의 새로운 브랜드를 내세운 뒤, 그것만 따로 백화점에서 판매하는 전략도 구상해볼 수 있다. 실제로 '카오花王'(샴푸나 비누, 치약 등을 제조하는 생활용품 기업 - 옮긴이)에서 새롭게 론칭한 '아지엔스'라는 헤어케어 상품에는 '카오'라는 이름이 전혀 눈에 띄지 않는다.

그러면 반대로, 브랜드 이미지가 그다지 하락하지 않았다는 사실을 알게 되었다면? 이 경우에는 백화점에서의 판매를 재개하면 된다. 더불어 힘들게 개척한 할인점의 판로를 그대로 살려 한 단계 아래의 브랜드를 내세워 동시에 진행하는 전략도 가능하다.

단, 현재 상황을 파악하기 위해 판매 데이터를 분석하는 일을 빠뜨려서는 안 된다.

데이터상의 판매비율과 전체적인 이익률은 물론 내역까지 꼼꼼하게 체크해야 한다. 백화점 판매비율은 15퍼센트지만 이익률은 나와 있지 않기 때문에 백화점과 할인점 대상 상품의 판매내역이 어떤지를 확인하기 위함이다.

어떠한 경우에든 브랜드 이미지나 고객만족도, 백화점과 판매점 전체의 매출추이 등은 조사해두는 편이 바람직하다. 백화점에서의 인지도가 하락하고 있다는 사실은 이전부터 지적되어왔으므로 백화점만으로 판로를 한정시켰을 때의 리스크도 산정하여 전략을 결정하도록 한다. 다시 말해 외부환경을 분석하는 것이다. 더불어 라이벌 상품의 동향도 살펴보면 전략을 세우는 데 도움이 된다.

또한 여기서 고급 브랜드라고 말하고 있지만 이탈리아 현지 혹은 미주지역에서 해당 브랜드의 위상이 어느 정도인지도 조사할 필요가 있다.

이것은 곧 마케팅의 기본인 4P Product, Price, Place, Promotion로서 다음 장에서 자세히 설명할 예정이다.

고정관념으로
결론을 단정짓지 말 것

브랜드 이미지의 하락은 어째서 문제가 되는 것일까?

이 질문에 대해 다른 각도에서 이야기해볼 필요가 있다.

어떤 경우라도 고객만족도가 하락한다면 그것은 당연히 문제가 된다. 그러나 이번 사례에서는 과거보다 더 많은 고객을 확보했고 매출도 올랐으며, 이익도 늘어났다. 물론 브랜드 이미지는 상승하지 않았지만 새로운 사장이 취임한 시점에 할인점에서 대량판매된 덕분에 실질적인 데이터가 나쁘지 않다. 어쩌면 비교적 좋은 품질로 여겨지던 상품을 할인점에서 저렴한 가격에 구매할 수 있다는 면에서 고객만족도는 오히려 상승했을 수도 있다.

"할인점에서의 매출비율이 급증하고 있으니 안 되겠다, 이제 다시 고가高價 브랜드 이미지로 돌아가자"는 식의 자동적인 반응은 논리적인 사고라고 할 수 없다.

위와 같은 판단은 "브랜드 이미지 하락 = 나쁘다"는 선입견(혹은 믿음)이 직감적인 결론으로 이어진 결과이다.

절대 직감에 의존해 사물을 생각해서는 안 된다. 어떤 데이터가 부족한지, 좀 더 조사를 해봐야 할 부분이 무엇인지를 생각한 후 정보를 수집해야 한다. 그 결과를 근거로 "A라는 사실이 발견되면 이렇게 하자" 또는 "B로 상황이 바뀌면 이렇게 하자"라고 상황에 따라 판단하는 것이 논리적 사고력이다.

여기에 앞서 설명한 것처럼 브랜드 이미지에 타격을 입지 않았다는 결과를 얻은 경우라면 백화점 판매비율을 높이는 동시에 할인점에서 판매할 저가 브랜드를 진행하면 된다. 브랜드 이미지에 영향이 있었다면 백화점 판매용으로 고급 브랜드를 론칭하거나 백화점 유통부문을 아예 접는 등의 전략을 생각해볼 수 있다.

이 경우 각각의 매출과 이익률은 어느 정도로 할지, 판촉활동의 장래성은 어떤지, 문구시장 전반에 걸쳐 예상 가능한 점유율은 얼마나 될지 등 각각의 경우를 가설로 세우고 검증해 나간다. 이러한 검증과정을 통해 최종적인 전략을 결정하면 된다(검증과정에 관해서는 다음 장에서 더 자세히 설명할 것이다).

일련의 과정을 거치지 않고 "일단 브랜드 이미지를 회복시켜야 한다"고 말하는 것은 문제해결이 아닌, 단순한 주장에 불과하다.

직감이 아닌 검증결과에 따르는 것이 당연해 보여도 위와 같은 단순한 주장은 짧은 경력에 논리적 사고력이 충분치 않은 컨설턴트가 곧잘 저지르는 실수이기도 하다. 문제해결이

라는 명목 아래 자신이 알고 있는 한정된 지식에 근거해 '고
정관념'에 빠져 식감으로 판단하기 때문이다. 스스로 역술인
되기를 자처하는 컨설턴트의 조언을 그대로 받아들이거나
지나치게 의지하지 않도록 주의해야 한다.

고정관념과 체면은
선입견에 불과

문제해결의 첫 단계는 충분한 데이터를 수집하는 일이다. 물
론 시간적인 제약이 따르므로 언제나 충분한 데이터를 수집
할 수 있다고는 장담하기가 어렵다.

이렇게 데이터가 부족한 상태에서 판단해야 할 경우라면
무엇이 부족한지를 인지한 뒤 데이터가 없는 부분은 '가정'을
세워 판단한다. 그렇지 않으면 앞서 소개한 문구회사 사례에
서 보았듯이 고정관념에 따른 편견에 의지해 판단할 가능성
이 높다.

무슨 일이든지 '사실'과 '가정'을 구별하여 논리를 구성하
고, 여기서 얻은 결론으로 '가설'을 세워 검증하는 과정이 필
요하다. 그것이 논리적 사고력의 힘이다.

〈사례 1〉에서 브랜드 이미지 조사를 실시해야 한다고 말한 이유도 브랜드 이미지 하락에 따른 이익률의 하락이 문제의 원인이라는 가설을 검증해볼 필요가 있기 때문이다.

예전에 어떤 기업의 임원회의에서 있었던 일이다. 한 사업부의 매출이 수년간 제자리걸음을 하고 있다는 안건이 올라와 있었다. 해당 사업부의 책임자는 사무처리 과정이 복잡한 것이 원인으로 부서인원을 충원해주지 않으면 매출신장이 어렵다고 호소했다.

책임자의 얘기에 나는 부서원의 충원이 아닌 상품성의 문제라고 생각했다. 그 책임자는 상품개발의 중심에 있는 사람으로서 상품이 좋지 않다는 것은 인정하지 않으려 했다. 그래서 사무처리 능력이 정체되어 있는 '보틀넥bottle neck'(흐름에 제약이 있는 부분)에 문제가 있다고 생각하는 것이다.

이때 "상품성에 문제가 있지 않을까" 하는 의견은 가설이다. "사무처리 과정에 문제가 있다"는 것 역시 가설이다. 검증해보지 않는 한 무엇이 진짜 문제인지 알 수 없다.

간단한 검증방법으로 한 달이나 두 달 동안 직원수를 늘려본다. 그 결과 매출이 오르면 처리하는 건수가 정체되어 있다는 가설이 맞는 것이다.

상품성에 관해서는 상품의 특성을 분해하여 경쟁사의 상

품과 철저하게 비교한 뒤 각각의 장단점, 혹은 종합적으로 고객의 반응을 살펴보는 방법이 있다. 구매한 고객에게는 만족도 조사를, 반대로 상품을 구매하지 않은 고객에게는 어디에 문제가 있는지 의견을 듣는다.

여기서 얻은 결과, 만약 상품성에 문제가 있다고 판명되면 상품개발 과정을 수정하여 문제를 해결하고, 사무처리 과정에 문제가 있었다면 그 부문을 해결하면 된다(이 경우 직원수를 늘리는 것만이 유일한 해결책이 아니라 사무처리 과정을 효율적으로 구축하는 방법도 있다). 어쩌면 상품성과 사무처리 과정 2가지 모두 문제일지도 모른다.

중요한 점은 모든 경우를 가설로 세워 검증한 뒤 진정한 원인을 찾아내는 것이다.

앞서 UDE에서도 팀원 간에 의견을 조율하여 "이것이다"라고 판단했던 '근본문제'도 사실은 가설에 지나지 않으므로 검증이 필요하다.

대부분은 자신의 방식이 옳다고 여기는 고정관념이나 체면이 편견으로 작용한다. 검증과정 없이 원인을 규정해서는 어떠한 문제도 해결하기가 어렵다.

고정관념의 함정

신문의 1판은 언제 나올까?

평소 신문의 오른편 위쪽에 'ㅇ판'이라는 숫자가 적혀 있는 것을 눈여겨
본 적이 있는가? 같은 신문이라도 1면은 14판, 주식 면은 11판, 이런 식으
로 지면에 따라 새로운 판과 기존의 판이 교차로 편집되어 있다. 메이저
신문사의 경우, 조간 1면은 13판이나 14판으로 이루어진 경우가 많다. 실
제로 조간신문은 11판부터 시작된다.

그렇다면 1판과 2판은 언제 나오는 것일까? 사실 1판과 2판은 석간신문
이다. 석간신문은 1판부터 시작되고, 조간신문은 11판부터 시작된다. 독자
입장에서는 하루의 시작이 조간신문이라고 생각하지만 신문사에서는 석
간신문을 시작으로 보는 것이다.

우리 주변에는 이처럼 "숫자는 무조건 순서대로 진행된다"는 선입견에서
벗어난 경우가 상당 부분 존재한다.

고정관념과 선입견을 깨뜨리기 위해서는 다음 4가지를 항상 기억해야 한다.

1. 숫자는 객관적으로 보이지만 해석에는 주관이 들어간다(선입견).
2. 선입견의 원인에는 눈높이와 시각차, 상식, 명칭, 편견 등이 포함된다.
3. 겉으로는 통계적으로 처리되는 것처럼 보이는 일도 오류가 생길 수 있다.
4. 스스로 선입견을 가질 수 있다는 점을 인식한다.

— 고미야 가즈요시, 《회사에서 꼭 필요한 최소한의 숫자력》 중에서

조사에 편견이
작용하지 않도록 주의

고정관념이나 직감으로 결정하지 않고 가설을 검증하기 위해서 조사과정은 필수다. 사실을 조사하는 과정에서 어떤 데이터를 활용할 것인지를 알게 되었다면 이것만으로도 절반은 성공이라 할 수 있다.

그러나 이와 관련된 조사 자체에 편견이 작용하면 사실을 제대로 파악할 수 없으므로 주의해야 한다.

유명한 사례로 전화가 보급되기 시작했을 당시 미국 대통령 선거의 여론조사를 들 수 있다. 표본조사라는 개념이 드물던 시기에 전화로 이루어졌던 이 조사는 결국 전화를 가진 부자들만의 의견을 전체 유권자의 동향으로 추측하는 오류를 범하고 말았다. 실패한 조사의 단적인 예라 할 수 있다.

개인적인 경험에 비추어볼 때도 이와 비슷한 사례는 꽤 많다. 길을 걸어가다가 맥주 시음에 응했는데(맥주를 좋아하는데다 도서 상품권까지 준다니 하지 않을 이유가 없었다), 아르바이트생인 듯한 조사원은 "맛이 어떤 거 같으세요?" 하고 물어보면서 새로 나온 신제품이라는 설명까지 덧붙였다. 이미 조사하는 대상에게 '신제품'과 '도서 상품권'이라는 선입견이 주어졌으니 올바른 마케팅 결과를 얻을 수 없겠다는 생각이 들었다.

한편 앙케이트 조사에 응답하는 쪽이 나와 같은 프로인 경우에도 제대로 된 결과를 얻기가 어렵다. 지인에게서 들은 바로는 담배 모니터링만 오랫동안 해온 사람도 있다고 한다. 아무리 신제품을 소개한들 그런 사람에게 일반인으로서의 의견을 기대할 수 없는 것과 같은 이치이다.

직감에 승부를 걸 수밖에 없는 상황

지금까지와는 모순된 이야기일지 모르지만, 아무리 사실을 검증한다고 해도 마지막 순간 직감에 승부를 걸 수밖에 없는 상황도 있다.

이런 상황은 처음부터 시간적·경제적인 제약이 있고 완벽한 데이터를 모으는 일 자체가 불가능한 경우이다. 그런 상황에서 최종적으로 기댈 수 있는 것은 오로지 직감밖에 없다(실제로 최종 결정을 내려야 하는 사람이라면 이 말의 뜻을 이해할 것이다).

다시 말해 정보수집과 분석에 따른 가설검증 작업으로 실패확률을 어느 정도까지는 줄일 수 있다. 그러나 마지막 승부

수는 역시 직감인 경우가 대부분이다.

뛰어난 경영자나 컨설턴트라 불리는 사람들은 성공확률을 높이거나 혹은 실패확률을 낮추는 능력을 가진 것 뿐이다.

경영이란 미래에 대한 결단을 내리는 일이므로 실패확률을 제로(0)로 만들 수는 없다. 이것이 과거의 사례만을 다루는 공부와 가장 큰 차이점이다. 그래서 마지막 순간은 직감에 따라 결정할 수밖에 없다. 그리고 그런 직감에는 경험이 녹아들어가 있는 경우가 많다.

물론 직감에 따라 결론을 내리기까지 가설과 검증을 반복해야 한다. 단순히 직감과 고정관념, 체면, 선입견이 들어간 직감과는 달라야 한다.

가설과 검증은 "자원과 시간, 예산의 제약 속에서 할 수 있는 데까지 반복하라."

그리고 어느 선까지 다다랐을 때, "이거다!" 하고 결단을 내려야 한다.

3장 정리

1. 현상을 객관적으로 파악하기 위해 가능한 정보를 수집하고 분석할 때까지 결론을 서두르지 않는다.

2. '사실'과 '가정'을 분리해 생각한다.

3. 정보를 논리적으로 분석하고 결과도 한 가지 '가설'로서 '검증'한다.

4. 고정관념과 체면으로 인한 선입견에 주의한다.

5. 문제해결이란 한정된 자원과 정보 속에서 실패확률을 최대한 낮추기 위한(성공확률을 최대한 높이기 위한) 것이다.

6. 마지막 순간에는 직감에 따른다.

4

해결책을
결정하라

비즈니스에서나 경영에서 100퍼센트란 있을 수 없다. 확실한 결과를 이끌어낼 것으로 믿었던 전략이라도 언제든지 예측하지 못한 문제가 발생할 수 있다. 그럴 때에 대비해 많은 기술을 가지고 경험을 쌓는다면 실패확률을 낮출 수 있다. 최소한 실패했을 때의 다운사이드 리스크를 줄일 수 있다.

해결책 결정 전에
프로콘 리스트 활용하기

앞장에서 소개한 이탈리아 문구 브랜드의 일본 법인 사례를 이용해 '해결책의 결정'에 대해 이야기해보자.

3장의 포인트는 '고정관념'에 의한 선입견에 좌우되지 않고 필요한 정보를 수집·분석하여 사실을 사실로서 파악하여 해결해야 될 문제를 판단한다는 것이었다.

이렇게 해서 도출된 문제는 해결책을 결정하는 단계로 넘어가게 되는데, 이때 다음과 같은 조사결과를 얻었다고 가정해보자.

1. 브랜드 이미지는 확실히 하락했고 일본산 중저가 상품

과의 가격경쟁이 시작되었다.

2. 고객만족도는 떨어지지 않아 다른 수입 브랜드나 일본
   산 고급 브랜드 문구와 비교해 비슷한 수준을 유지하고
   있다.

말하자면 브랜드 이미지는 하락했지만 제품에 대한 구매
자들의 만족도는 나쁘지 않다는 결론이다.

그렇다면 위의 결과를 바탕으로 어떤 전략을 세우면 좋
을까?

우선 목적은 이익과 매출의 안정적인 성장이다(실제로는 구
체적인 기한이나 목표로 하는 수치가 필요하다).

가장 먼저 생각해볼 수 있는 해결책으로 하락한 브랜드 이
미지를 회복하기 위해 백화점 판매비율을 높이는 일이지만
그것만이 유일한 방법은 아니다.

물론 백화점 판매에 집중하는 방법도 가능하고, 아예 현재
할인점 대상 판매를 확대하여 박리다매 전략으로 전환해도
된다. 조사결과 고객만족도는 그다지 영향이 없는 것으로 밝
혀졌으므로 상품 자체에는 문제가 없다고 볼 수 있다. 따라서
백화점 전용으로 별도의 고급 브랜드를 동시에 진행하는 전
략도 가능하다.

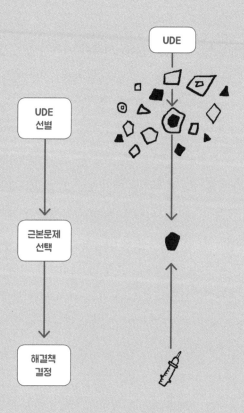

UDE

UDE
선별

근본문제
선택

해결책
결정

앞서 강조한 것처럼 전략을 결정할 때는 고정관념이나 선입견에 의한 직관적인 판단은 피해야 한다.

모처럼 본격적인 조사를 실시하여 '과학적으로' 원인을 찾아냈는데도 너무 쉽게 해결책을 결정하는 경우가 적지 않다. "일단 해보고 결과가 좋지 않으면 다시 생각하면 된다"고 판단하는 것이다.

그 말도 완전히 틀렸다고는 할 수 없지만 일련의 과정을 실패하지 않기 위해 어떻게 할지 조금 더 신중하게 고려해야 한다. 생각에 생각을 거듭해 실패확률을 최대한 낮추었어도 실패하는 경우가 있기 때문이다. 비즈니스에서 100퍼센트 성공을 약속하는 전략 따위는 없다. 그러므로 적당한 해결책이나 전략이라면 두말할 나위 없다. "실패하면 다시 하면 된다"는 결정은 최선의 전략이 통하지 않았을 때를 대비해 아껴두어야 할 카드이다.

그렇다면 어떻게 하면 좋을까?

이쯤에서 소개하고 싶은 것이 문제해결책을 결정하는 도구 중 하나인 '프로콘 리스트'이다.

프로콘이란 용어가 매우 낯설겠지만 영자 신문에 자주 등장하는 표현이다. 정확하게는 'pros and cons'으로 pros는 라틴어로 for(찬성의)를, cons는 against(반대의)를 의미한다. 즉, pros and cons는 찬성과 반대, 또는 시비是非, 장점과 단점 등의 뜻으로 자주 사용되는 말이다.

프로콘 리스트는 간단히 말해 '좋은 점과 나쁜 점 일람표' 정도로 해석할 수 있다. 무슨 일이든 좋은 면이 있으면 나쁜 면도 있는 법. 그것을 리스트로 작성하는 단순한 작업이지만 실제로 해보면 막연히 갖고 있던 생각이 보다 구체적으로 드러나는 효과가 있다.

예를 들어 〈사례 1〉의 경우에는 다음과 같은 프로콘 리스트가 가능하다.

해결책 A : 현재 유통되고 있는 제품은 할인점에 공급하고, 백화점 판매용으로 고급 브랜드를 론칭해 백화점 판매를 확대한다.

해결책 B : 백화점에는 주력하지 않고(따라서 고급 브랜드는 개발하지 않는다), 현재 할인점 판매노선을 확대한다.

2가지 정도의 해결책을 놓고 각각 좋은 점과 나쁜 점을 적어 검토하도록 한다.

	PRO	CON
해결책 A		
해결책 B		

다운사이드 리스크가 큰 일은
신중하게 결정

검토방식은 문제를 찾아낼 때 소개했던 도구를 다시 한 번 활용한다. 먼저 3장에 나왔던 다운사이드 리스크의 검토다. 즉, 실패했을 때 최대한 발생할 수 있는 손실을 따져보는 것이다.

다운사이드 리스크가 적은 것은 하나씩 실행에 옮기면 된다. 실패하면 다시 원점으로 돌아가 다른 방법으로 바꾸어 실행한다.

예를 들어 사내연수 프로그램 수립과 같은 문제라면 실패하더라도 그다지 리스크가 크지 않다. 굳이 오랫동안 생각할 필요는 없지만 그래도 조금씩 방식을 달리하여 실시하지 않으면 회사의 리듬이 깨질 수도 있다(인생도 마찬가지다. 리스크가 적은 일은 일단 작은 일부터 행동에 옮겨본다. 생각만 하는 것보다 행동하는 것이 성장하는 데 도움이 될 뿐 아니라 흥미도 느껴진다).

반면 다운사이드 리스크가 큰 일, 예를 들면 사운社運이 걸린 매수라든가, 거액의 투자를 동반한 신제품 개발이나 신규 시장 진출, 혹은 전혀 다른 업종으로의 변경이나 해외 시장 진출, 해외 현지공장 폐쇄 등 리스크의 규모 자체를 어림조차

하기 어려운 일에 관해서는 신중하게 접근해야 한다.

딤원들 모두가 머리를 맞대고 프로콘 리스트를 만들어 좋은 점과 나쁜 점을 적은 뒤 각각의 중요도와 다운사이드 리스크에 대해 의견을 나눈다. 중요도를 5단계로 나누어 평가하고, 아는 범위 안에서 다운사이드 리스크를 파악한다.

〈사례 1〉의 경우 '해결책 A'의 "고급 브랜드를 론칭하여 백화점 판매를 확대한다"라는 전략은 현재의 할인점 매출과 백화점 매출을 동시에 상승시킬 가능성이 있다. 또한 기존 브랜드와 차별화된 고급 브랜드(앞서 예로 든 카오의 아지엔스처럼)라면 프로모션 방식이나 상품의 내용을 크게 향상시킴으로써 할인점에서 유통되고 있는 브랜드에 끼칠 영향을 최소한으로 억제할 수 있을 것이다.

그러나 다운사이드 리스크 측면에서 보면 고급 브랜드를 론칭하면서 기존 브랜드의 가치가 떨어져 판매가 하락할 위험이 있다. 그리고 상품개발비나 해외에서 판매중인 제품에 미칠 영향도 다운사이드 리스크로 고려해보아야 한다.

물론 해결책 A 역시 가설이므로 가능한 다른 사례를 참조하여 검증할 필요가 있다(하지만 역시 시행해보지 않으면 결과를 알 수 없다는 부분이 남는다).

혼자만의 생각에 따른 결정은 금물

프로콘 리스트를 작성할 때 "함께 의견을 교환한다'고 했듯이 혼자만의 생각으로 결정하지 않는 것이 중요하다. 여기에는 2가지 이유가 있다.

우선 여러 사람의 다양한 시각이 한 사람의 생각보다는 나은 결론을 얻어낼 수 있기 때문이다. 어느 누구도 혼자서는 일정한 한계를 넘지 못한다. 나 역시 이 책의 저자로서 그럴 듯한 말을 늘어놓고 있지만 나의 능력을 뛰어넘는 일은 불가능하다. 그리고 다른 사람은 항상 나와는 다른 시점을 갖고 있게 마련이다.

여럿이 상의한다고 해서 다수결을 의미하는 것이 아니다. 최종적인 결단은 책임자의 몫이다. 의견을 나누는 상대가 회사 사람들인 경우는 물론 컨설턴트나 다른 회사에 몸담고 있는 친구여도 그것은 마찬가지이다. 마지막 순간에 결단을 내리고 책임지는 사람은 사장이다(이 글을 읽는 독자가 사장인 경우엔 바로 당신이다).

사장 자신이 결정하고 책임을 져야 하지만 검토단계에서는 가능한 많은 시점이 고려되어야 한다.

대부분의 경우 여러 사람의 의견이 반영됨으로써 프로콘 리스트의 오류가 드러난다. 자신이 생각하던 것에는 무심코 간과하고 넘어간 부분이 있기 때문이다.

혼자 결정하지 않고 여럿이 의견을 주고받아야 하는 두 번째 이유는 회의과정을 통해 모두가 납득할 수 있기 때문이다. 이것은 회의 후반에 나온 해결책의 실현과도 깊은 관련이 있다. 따라서 이 장점은 의견을 나누는 상대가 회사 내의 사람인 경우로 한정된다. 실제로 경영현장에서는 이 장점이 갖는 영향력이 제법 크다. 아무리 바람직한 결론이나 뛰어난 전략이라도 전혀 알지 못하는 곳에서 결정되어 갑자기 주어진다면 순순히 그 의견에 따라 전력투구하기가 쉽지 않다. 그것이 가능한 조직은 상관의 명령에 복종해야 하는 군대뿐이다.

일반 기업에서는 부하직원들이 "네, 알겠습니다"라고 대답하고 '그대로 해야겠다'고 생각은 해도 열의나 행동은 그에 따라가지 못하는 경우가 대부분이다.

모두가 납득하지 못한 상태에서 갑작스레 새로운 일을 진행하다가 급기야 실패라도 하는 날에는 더욱 큰일이다. 경영자로서의 존재감을 의심받는 사태로까지 번질 수 있다.

반복하건대 다른 사람들과 의논한다고 해서 반드시 모두의 의견에 동조할 필요는 없다. 어디까지나 결정은 책임자의 몫이다. 하지만 의견을 교환하는 과정에 참여했던 사람들은 참여의식을 갖게 되고, 그것은 결정된 일에 대한 지지와 행동으로 연결된다. 당연히 결정된 사안의 성공확률도 높아진다.

그러므로 해결책을 정할 때는 모두가 머리를 맞대고 프로콘 리스트를 작성해 좋은 면과 나쁜 면을 파악한 뒤, 중요도와 함께 다운사이드 리스크를 추측하도록 한다. 해결책을 결정할 때는 제안된 몇 가지 의견 중에서 선택하는 것이 바람직하다.

디시전 트리와
다운사이드 리스크의 조합

해결책의 결정방법으로, 다운사이드 리스크와 함께 고려할 만한 것이 바로 디시전 트리이다.

디시전 트리는 한 가지 해결책에 대해 A가 일어날 확률과 B가 일어날 확률을 미리 예상하고 A의 경우 어느 정도의 이익이 생기고, B의 경우에는 어느 정도의 손실이 발생하는지를 나타낸 것이다.

UDE를 설명할 때 등장했던 트리는 세로로 긴 형태였지만 디시전 트리는 가로로 긴 형태를 띤다. 결정한 일이 제대로 진행될 확률과 그 결과를 어떤 식으로 얻어낼지 각각의 경우를 상정하여 예상하고 종합적인 기대치를 계산하는 것이다.

예를 들어 앞선 사례에서 백화점용 고급 브랜드를 론칭하는 경우 할인점에서 이루어지는 기존 브랜드의 매출이 10퍼센트 늘어나고, 70퍼센트의 확률로 기존 브랜드에 영향이 없으며, 20퍼센트의 확률로 기존 브랜드의 매출이 10퍼센트 정도 하락하는 것으로 예상하고 있다.

단, 기대치만으로는 위험하므로 다운사이드 리스크도 고려할 필요가 있다. 확률은 매우 낮지만(예를 들어 1퍼센트 정도의 확률), 회사의 흥망을 좌우할 만큼 큰 손실이 발생할 가능성이 있다면 독자들은 어떻게 할 것인가?

이 질문에 정답은 없고 단지 리스크에 대한 경영자의 감각에 달려 있을 뿐이다. 왜냐하면 1퍼센트의 확률이라도 손실이 예상되는 일은 절대로 감행하지 않는 경영자가 있는가 하면, 실패확률이 10퍼센트라도 업사이드(최대한 기대할 수 있는 이익)가 보장된다면 과감히 실행에 옮기는 경영자도 있기 때문이다.

참고로, 리스크를 적극적으로 감수하는 사람을 리스크 테

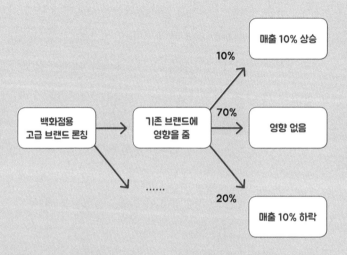

이커Risk Taker, 보통 사람보다 리스크를 회피하려는 사람을 리스크 애버터Risk Averter라고 한다. 이러한 경향은 개인의 성격에 따라 영향 받는 것으로 어느 쪽이 좋다고는 말할 수 없지만 다운사이드 리스크가 매우 클 경우 그것이 어느 정도의 확률까지 허용 가능한지 디시전 트리를 만들어 예측해야 한다.

물론 여기서 예상한 확률 자체는 이미 결정한 1개의 가설이나 상상에 지나지 않기 때문에 현실에서의 결과는 알 수 없다. 그러나 과거의 데이터나 다른 기업의 사례조사를 통해 디시전 트리를 작성하는 것은 가능하다.

불확실한 요소가 많더라도 각각의 경우 대응책을 미리 생각해둘 수 있고, 어떤 의미에서 '각오'를 다질 수 있기 때문에 디시전 트리의 작성 여부에 따라 해결책을 실행했을 때 성공할 확률은 완전히 달라진다.

프로콘 리스트 작성하며
사례 살펴보기

지금까지 소개했던 도구를 활용해 또 다른 사례를 살펴보자. 이탈리아 문구 브랜드의 〈사례 1〉이 '입문'에 해당한다면 다음의 사례는 '초급'이라고 할 수 있다. 조금 더 까다로운 문제가 얽혀 있는 경우로, 실제로 이와 비슷한 사례가 많이 발생한다.

〈사례 2〉

니혼카이日本海는 니트 의류 제조회사이다. 지금까지 유명 브랜드 7개 회사의 제품을 100퍼센트 OEM(주문자 생산방식)으로 제조해왔는데, 최근 이익률이 20퍼센트 정도 낮아지면서 10억 엔 매출 대비 영업이익이 1,000만 엔 정도에 머물고 있다.

OEM 생산에서는 브랜드 판매회사에 의해 정해진 방식에 따라 제품을 제조했으나 그들이 요구하는 품질의 수준에 비해 이익률이 낮아 니혼카이에서는 2년 전부터 자사自社 브랜드를 개발, 제조하기 시작해 200여 개 매장과 백화점 등에 판매하고 있다.

자사 브랜드 제품에 유명 브랜드 수준의 소비자가격을 책정할 수는 없지만 이익률은 40퍼센트 정도로 양호한 편이다.

니혼카이로서는 자사 브랜드 제품의 판매를 늘리고 싶지만 그 이상 자사 브랜드의 매출을 늘릴 경우 OEM 주문고객인 유명 브랜드와 경쟁하는 상황이 벌어질 수 있어 매출의 90퍼센트 이상인 OEM 생산의 비율을 낮출 수도 없다.

사실 유명 브랜드측으로부터 "니혼카이와의 거래를 재고해볼 수도 있다"는 식의 암묵적인 압력도 있었다.

또한 자사 브랜드 상품은 OEM 제품과 달리 원자재와 완성품의 재고도 고려해야 하고 팔리지 않는 경우 리스크도 존재한다.

재정적으로도 버블경제 시기에 투자에 실패한 경험이 있어서 더 이상 은행으로부터 사업자금을 대출받는 일도 불가능한 상황이다.

현재 11억 엔의 매출 중 1억 엔이 자사 브랜드 매출인데, 덕분에 영업이익은 3,000만 엔 정도다.

이와 같은 상황에 놓인 니혼카이는 앞으로 어떤 전략으로 운영하면 좋을까?

만약 독자들이 니혼카이로부터 컨설팅을 의뢰받았다면 어떻게 하겠는가?

지금까지 이 책을 집중해서 읽은 독자들 중에는 직감적으로 "이익이 적은 OEM을 줄이고 자사 브랜드를 확대하든지 아니면 자사 브랜드 사업을 접어야 한다"고 말하는 사람이 있을지도 모른다.

예상했겠지만 이번 사례 역시 결정을 내리기에는 정보가 부족하므로 더 많은 조사가 필요하다.

그렇다면 무엇을 조사하면 좋을까? 무엇이 필요할지 생각해보자.

답이 나왔는가?

우선 상황을 정리하는 일부터 시작하자.

〈사례 2〉에서 가장 두드러진 문제는 무엇인가?

그렇다. 이익을 확대하고 안정적으로 매출을 늘리면서 앞으로 자사 브랜드 제품과 OEM 제품의 비율을 조절하는 것이다. 자사 브랜드 제품생산을 늘릴지 아니면 축소할지, 현재 상태로 유지할지를 결정해야 한다. 이때 재무상황에 제약이 있다는 사실도 간과해서는 안 된다.

가장 먼저 해야 할 일은 프로콘 리스트의 작성이다.

자사 브랜드의 비율을 늘렸을 때 좋은 점과 나쁜 점.

반대로 지금까지와 마찬가지로 OEM 중심으로 생산했을 때 좋은 점과 나쁜 점.

〈자사 브랜드 비율을 늘렸을 때〉

＊좋은 점(pros)

①이익률 증가 ②재무상황의 개선 ③새로운 설비투자 가능 ④하청업체라는 이미지에서 벗어나 직원들의 자부심 상승

＊나쁜 점(cons)

①OEM 거래처에 대한 리스크(다운사이드 리스크도 크다) ②원자재와 재고의 자금부담 ③판매 후 남는 상품에 대한 리스크 ④기존에 필요없던 소매점 영업과 광고

〈OEM 중심으로 생산했을 때〉

＊좋은 점(pros)

①원자재, 재고에 대한 재무부담이 없다 ②판매 후 남는 제품에 대한 리스크가 없다 ③소매점 영업이 필요없다 ④현상유지 가능

＊나쁜 점(cons)

①이익이 적다 ②재무상황의 개선이나 신규투자 불가능(향후 금리가 오를 경우 이익은 더욱 줄어들 가능성이 있다) ③매출이나 미래의 성장이 OEM 거래처의 상황에 따라 좌우

이번에는 디시전 트리를 만들어보자.

우선 자사 브랜드를 확대할지 여부에 대해 살펴보면, 자사 브랜드가 성공할 확률부터 따져보아야 한다. 자사 브랜드를 확대하고 그것이 성공하거나 실패할 경우 OEM 거래처를 잃을 확률, 즉 자사 브랜드가 성공할수록 거래처를 잃을 확률은 점점 더 높아질지 모른다. 그럴 경우에 기대할 수 있는 이익 혹은 손실액을 추정한다.

위의 설명만으로는 확률을 추정하기에 정보가 부족한 게 사실이다. 자사 브랜드를 론칭하는 경우 성공할 확률을 예상하는 데 필요한 상품성과 브랜드로서의 가치를 가늠할 수 없기 때문이다.

따라서 처음에 조사할 것은 자사 브랜드의 인지도와 상품성이다. 여기에 다른 회사 브랜드에 대한 조사도 병행해야 한다.

다음으로는 자사 브랜드를 확대할 경우 최대 리스크와 OEM 제품을 발주하고 있는 기업의 반응도 중요하다. 모든 거래처가 "거래중단"을 선언할 경우 회사의 존재 자체가 불가능해지기 때문이다.

마지막으로 고려해야 할 문제는 자금이다. 이 문제 역시 다운사이드 리스크를 따져보아야 한다. 자사 브랜드를 확대하려면 자금이 필요하다. 당연히 재고부담과 거래중단 사태를 예상해 언제까지 견딜 수 있을지 재무상황을 다시 한 번 면밀하게 따져보아야 한다. 최악의 경우 얼마나 버틸 수 있을지 여부는 자사 브랜드의 성공확률과 OEM 거래처를 잃을 확률에 영향을 받을 것이다.

실제 디시전 트리는 지금까지 설명한 조사결과가 나오지 않으면 별 의미가 없다. 당연히 사전조사가 필요하다.

OEM 거래처에 대한 조사결과 자사 브랜드 판매를 적극적으로 추진하자는 방향으로 의견이 모아지는 경우, 수주 가능한 매출을 산정해보고 자사 브랜드의 성공과 실패확률에 따른 재무상황을 살펴본다.

의견을 수렴하는 과정에서 어쩌면 새로운 공동 브랜드를 개발하자는 OEM 거래처가 나타날 수도 있다. 그런 경우에는 선택의 기회가 더 늘어난다.

이와 같은 식으로 조사와 검증을 반복하면서 디시전 트리를 완성하고, 검증된 항목 중에서 최종적으로 무엇이 가장 좋은 방법인지 선택하면 된다.

3장에서 이야기했던 조사의 중요성이 〈사례 2〉에서도 상당 부분 부각되었으리라 생각한다.

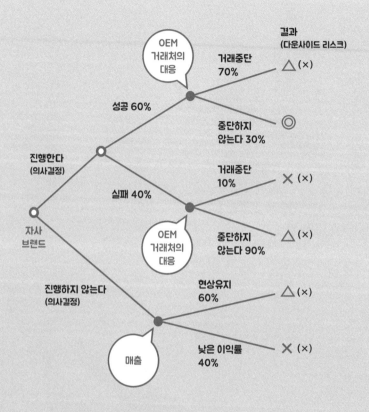

OEM
거래처의
대응

결과
(다운사이드 리스크)

거래중단
70%
△ (×)

성공 60%

중단하지
않는다 30%
◎

진행한다
(의사결정)

거래중단
10%
✕ (×)

실패 40%

중단하지
않는다 90%
△ (×)

자사
브랜드

OEM
거래처의
대응

진행하지 않는다
(의사결정)

현상유지
60%
△ (×)

낮은 이익률
40%
✕ (×)

매출

| 확률은 조사결과 + 추측 |

성공확률을 높이는
가설검증

다이쇼(大正:1912~1926의 연호 – 옮긴이) 시기의 유명한 경영컨설턴트인 이치쿠라 사다무 – 倉定의 품성과 철저한 현장주의는 현재까지도 많은 비즈니스맨에게 귀감이 되고 있다.

이치쿠라 선생은 평소 "아이디어가 많은 사장이 회사를 망하게 한다"는 말을 자주 했는데, 직감 혹은 자신이 알고 있는 약간의 경험과 전제를 근거로 중요한 경영판단을 내리는 것을 경계하라는 의미이다. 지금도 그런 경영자나 컨설턴트가 적지 않은 게 현실이다.

하지만 앞서 언급했듯이 그러한 것은 역술인이나 하는 일이다. 점과 컨설팅의 차이가 여기에 있다. 판단의 기준이 직감인지 아니면 가설인지에 달려 있는 것이다.

그러므로 "모든 것은 가설이다"라는 전제에서 생각해야 한다. 가설인 이상 검증이 필요하다. "가설과 검증을 반복하여 성공확률을 높이고 실패확률은 줄인다." 이것이 경영컨설턴트의 업무이자 경영자의 역할이요 모든 비즈니스맨이 해야 할 일이다.

그리고 바람직하고 성공확률이 높은 대답을 찾아내기 위

해서는 조사가 필수다. 물론 모든 가설을 검증할 수 없고 비용이나 시간적인 제약도 존재한다. 또한 검증했다고 해서 100퍼센트 정확하게 예측할 수 있는 것도 아니다.

다만 실패확률을 낮추는(= 성공확률을 높이는) 일은 가능하다. 그것이 가설검증이다.

일단 의사결정이 끝난 일이라도 모든 일이 가설이라는 인식을 갖는다면 그 가설과 결과를 검증하고 다음 가설을 만들 수 있다. 결과적으로 실패확률을 낮추면서 성공확률은 높이는 일이 가능해진다(이것이야말로 진정한 '경험'이다).

다양한 기술의 핵심은
시간절약

4장에서 소개한 프로콘 리스트와 디시전 트리, 그리고 2장의 UDE, 긴급도와 중요도의 4분면 매트릭스 등은 모두 이미 많은 사람들이 활용하고 있는 '문제해결'을 위한 기본적인 도구, 다시 말해 비즈니스 선배들이 고안하고 개선시킨 '기술'들이다.

한 가지씩 들여다보면 특별할 것도 없고, 굳이 이러한 기술을 알지 못하더라도 현장에서 발생한 문제를 위와 비슷한 사고방식으로 풀어내고 있는 사람이 있을 것이다.

하지만 처음부터 기술을 활용할 수 있다면 몰랐을 때 낭비하는 많은 시간을 절약할 수 있다. 독자들도 알다시피 현실에서 발생하는 '문제'는 대부분이 시간과의 싸움이다.

앞서 시간이 아군이 되는 경우와 적이 되는 경우, 혹은 약이 되는 경우와 독이 되는 경우가 있다고 설명한 바 있다. '해결'해야만 하는 문제란 대개 시간이 적이 되고, 독이 된다. '문제해결'이라는 측면에서 시간은 커다란 제약조건인 셈이다. 그러므로 앞에서 소개한 기술을 보다 다양하게 활용하는 편이 여러 가지 면에서 유리하다.

수완이 좋은 경영자나 컨설턴트란 가설과 검증과정에서 활용할 만한 기술을 많이 보유하고 있으며, 상황에 따라 적절하게 사용할 줄 아는 사람이라고도 말할 수 있다(그저 알기만 할 뿐 제대로 활용하지 못하는 사람이 꽤 많지만).

즉, '기술'은 시간을 절약하게 해준다.

비즈니스에서나 경영에서 100퍼센트란 있을 수 없다. 확실한 결과를 이끌어낼 것으로 믿었던 전략이라도 언제든지 예측하지 못한 문제가 발생할 수 있다. 그럴 때에 대비해 많은 기술을 가지고 경험을 쌓는다면 실패확률을 낮출 수 있다.

최소한 실패했을 때의 다운사이드 리스크를 줄일 수 있다.

지금까지 예로 든 것 외에 6장에서 또 다른 대표적인 '기술'을 소개할 생각이다.

4장 정리

1. 해결책을 처음부터 직감으로 결정하지 않는다.

2. 다양한 시각을 모으되, 최종 결정은 리더의 몫이다.

3. 다운사이드 리스크를 계산한다.

4. 모든 것을 가설이라 생각하고 검증한다.

5. 문제를 분해하는 도구를 활용해 문제해결까지의 시간을 절약한다.

5

해결책을
실행에 옮겨라

많은 사람들이 해결을 위한 대답을 찾으면 모든 일이 끝났다고 생각한다. 해결책에 대해 능숙하게 프레젠테이션하면 완벽하게 전달되었다고 받아들이는 것이다. 하지만 비즈니스에서 문제해결은 전 직원 혹은 사업부 전원이 행동으로 옮겨야만 이루어진다. 따라서 결정된 사항을 실행하게 만드는 것이 가장 중요하다.

프로젝트
계획서의 작성

본격적인 내용으로 들어가기 전에 지금까지 배운 것을 정리
해보자.

1. 다양한 현상 속에서 문제를 찾아내고,

2. 그중에서 우선순위를 정하고,

3. 근본적인 문제(= 진짜 원인)를 판단하고,

4. 해결책을 정한다.

이제 드디어 해결책을 실행에 옮겨야 할 단계이다.

회사 중에는 여기까지가 끝이라고 생각해 마치 문제가 해

결되었다고 여기는 경우도 있다. 사실 컨설턴트의 역할도 해결책을 프레젠테이션하는 것으로 마무리된다.

문제해결이란 문제가 해결되어야 진정한 해결이라고 말할 수 있다. 해결되지 않은 문제는 여전히 문제일 뿐이다.

우선 프로젝트 계획서를 만든다. 프로젝트 계획서에 필요한 것은 최종 목표와 현재 상태를 나타낸 수치이다.

이때 수치는 계측 가능해야 한다. 그렇지 않으면 목표와 현재 상황 사이의 격차를 인식하기가 어렵고, 향후 구체적인 계획을 세우거나 진척상황, 달성 정도의 측정, 가설을 검증하는 일이 불가능하다.

또 한 가지 중요한 점은 무엇을 집중적으로 공략해야 문제가 해결될지 계측 가능한 목표로 형상화함으로써 관계자 전원이 납득하는 것이다. 모두가 납득하지 못하는 한 이후의 계획은 결국 마지막까지 실행되지 못하고 끝날 가능성이 크다.

계획서에는 목표에서 거꾸로 계산하여 몇 월 며칠까지 무엇을 할지 등 구체적인 실천방법과 기한을 명확하게 표시하되 가능한 상세하게 적는다. 그리고 그 방법을 실행했을 경우 목표로 하는 수치도 덧붙인다. 이렇게 하지 않으면 제대로 실행되었는지 여부가 명확하게 드러나지 않는다.

수치로 표시하는 목표를 설정하기가 어려운 경우(예를 들어 'O에 대한 조사' 등)에는 차선책을 목표로 정해 실행 여부를 가늠할 수 있도록 한다. 그리고 책임자와 예산도 적어 넣는다.

문제해결 프로젝트는 다른 경영 프로세스와 마찬가지로 목표에 근거한 자원의 적정한 분배가 중요하다. 여기서 자원이란 사람과 물건, 자금, 시간 등이다.

따라서 구체적인 실행계획 하나하나에 대해 담당자 결정과 예산책정, 예상 소요시간 등이 중요한 포인트가 된다. 각 요소의 배정이 잘못될 경우 프로젝트의 원활한 진행이 어려워진다.

그러므로 해결책의 실행계획에서 중요한 것은 다음 5가지 요소이다.

1. 목표와 현재 상황과의 격차 확인과 공통의 인식

2. 계측 가능한 목표

3. 목표로부터 거슬러올라가 세분화한 상세한 행동계획

4. 언제까지(기한), 누가(책임자), 무엇을 얼마나(수치화) 할 것인가?

5. 자원(사람, 예산, 시간)의 적절한 분배

프로젝트 작업자 :

작업일 : 　년　월　일
작업자 :

프로젝트 멤버 :

프로젝트의 목적, 대상범위

프로젝트의 개요, 위치선정

프로젝트의 목표(달성과제)

시작	년	월	일
종료예정	년	월	일

프로젝트 계획

작업 No.	작업내용	담당자	작업자	성과물	/	/	/	/	/	/	/	/	/	/
각 항목 체크														

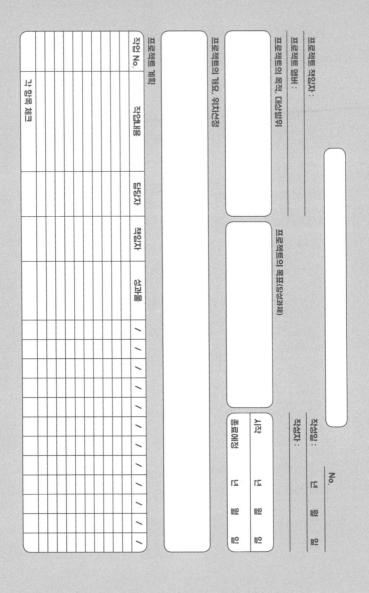

퍼트를 활용하여
공정한 계획 세우기

복잡한 공정을 동반하는 프로젝트인 경우에는 퍼트PERT를 작성한다.

퍼트PERT는 공정한 계획을 세우거나 관리방법을 모색할 때 활용하는 수법의 하나로, 프로젝트 전체를 구성하는 복잡한 공정의 상호 의존관계를 네트워크로 표현하여 각 과정의 효율을 나타내는 편리한 도구이다.

예를 들어 어떤 일을 실행하는 데 A부터 J까지 10개의 공정이 있다고 하자. 각 공정에 필요한 날짜(소요시간)는 148쪽의 그림과 같다. 또한 각 공정에 필요한 이전 단계와 공정 사이의 관계도 나타낸다. A라는 공정이 이루어지지 않으면 B 공정으로 진행되지 않지만 C와 D는 동시에 진행할 수 있다.

□ 안의 숫자는 위쪽이 최대한 일정을 앞당겼을 때의 날짜, 아래쪽은 최대한 지연되었을 경우의 날짜를 나타낸다. 각 공정 사이의 관계와 필요한 날짜로 계산한 것이다.

그림에서 가장 빠른 날짜와 가장 늦은 날짜, 즉 상단과 하단의 숫자가 같은 공정을 묶은 프로세스를 '크리티컬 패스 critical path(최상경로)'라고 한다.

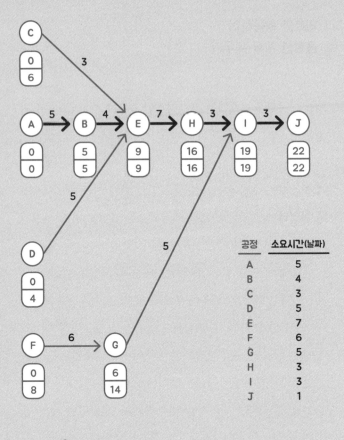

공정	소요시간(날짜)
A	5
B	4
C	3
D	5
E	7
F	6
G	5
H	3
I	3
J	1

➡ 크리티컬 패스

| PERT에 의한 공정관리 |

Program **E**valuation and **R**eview **T**echnique

'critical'이라는 단어에는 '비판적인'이라는 의미 외에 '위기적인, 결정적인'이라는 의미가 있다. 이 경우의 크리티컬은 물론 후자를 가리킨다. '크리티컬'이라고 이름 붙인 이유는 크리티컬 패스의 공정이 늦어지면 전체 공정이 지연되기 때문이다.

전체 공정에 소요되는 날짜도 좌우되는 것이다.

크리티컬 패스 이외의 공정은 가장 빠른 날짜와 가장 늦은 날짜 사이에 시작일을 선택해도 상관없다.

그러나 그림에서와 같이 공정 E와 공정 F가 같은 기계를 사용하는 등 자원이 중복되는 경우 크리티컬 패스상에 있는 공정 E는 날짜 변동이 어려우므로 공정 F의 시작일을 조정한다.

아무리 늦어도 최소 3일째(9일째에 완료)에는 공정을 시작해야 한다. 10일 이후에도 공정 F를 진행한다면 공정 E에서 기계를 사용할 수 없어 전체 공정이 늦어지기 때문이다.

이와 같이 매우 복잡하게 상호 의존하면서 각 공정에 투입되는 자원이 있는 경우에는 PERT를 작성함으로써 공정관리를 보다 수월하게 할 수 있다.

PERT 역시 문제해결을 위한 도구로서 PERT를 사용하면 실행과정을 파악하기가 쉽다.

검증의 핵심은
검증 책임자 선정에

실행계획이 완성되어도 계획대로 실행되어 무사히 문제해결로 이어지리라 장담할 수 없다. 아니, 확률이 희박하다고 말하는 것이 더욱 정확하다.

성공확률을 높이려면 검증이 필요한데, 검증에서 가장 중요한 것은 검증 책임자를 선정하는 일이다. 일반적으로 실행 책임자는 정해져 있지만 검증 책임자를 따로 두는 회사는 거의 없다.

계획이란 모두 가설에 불과하다. 계획서에 포함된 단계별 세부사항을 확인하고 검증하며, 다시 한 번 가설을 조정한다면 정밀도는 한층 더 높아진다.

그런데 검증이나 일의 진척상황을 체크하는 부서에 책임자를 두어도 시간 제약이 따르므로 검증이 제대로 이루어지지 않는 경향이 있다. 당연히 검증의 정밀도 또한 떨어질 수밖에 없다. 그 결과 모든 공정에 쓸데없이 많은 자원이 투입되면서 담당자의 피로도만 높아질 뿐이다.

애초에 세운 계획에서 실행과 검증, 개선이라는 과정을 'PDCA 사이클'이라고 하는데, Plan(계획), Do(실행), Check(검

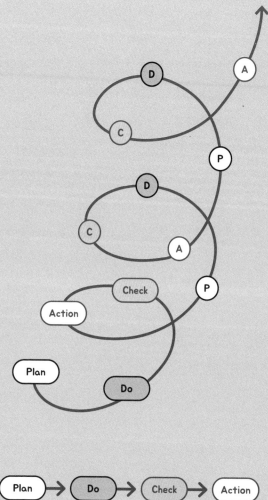

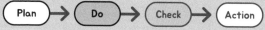

증), Action(개선)을 얘기한다.

사이클이라고는 해도 정확하게는 나선모양을 띤다. 이미지로 표현하자면 PDCA를 반복하면서 점점 위로 올라가는 형태가 된다(151쪽 그림). 그런데 이 중에서 Check(검증) 단계가 없으면 위로 올라갈 수가 없다.

경우에 따라서는 대대적인 조정이 불가피한 상황이 벌어지기도 하는데 검증단계를 소홀히 하면 조정 자체가 어려워질 수 있다. 조정은 철저한 검증을 전제로 하기 때문이다. 열심히 하는 것도 중요하지만 아무렇게나 일을 진행하는 것은 본인이나 회사에 전혀 도움이 되지 않는다.

사람을 움직이려면
동기를 부여하라

드디어 문제해결을 위한 실행계획이 완성되었고, PDCA 사이클의 검증 책임자도 결정했다. 이제 남은 것은 프레젠테이션이다.

컨설턴트나 사내 프로젝트팀의 리더, 혹은 사장이 문제를 제시하고 해결책을 정한 뒤 실행계획까지 정리하여 "이러한 상황이니 이렇게 하면 된다"고 발표한다.

그러면 회의실의 모든 사람들은 '그렇구나' 하면서 고개를 끄덕인다.

그러한 반응을 보면서 발표자는 생각한다.

'좋아! 내 말을 이해했구나. 이것으로 이 사람들을 움직일 수 있겠어! 바꿀 수 있을 거야!'

그런데 프레젠테이션을 지켜보던 직원들의 속내는 상사의 생각과는 차이가 있다.

'그렇게 잘 알면 네가 해.'

결국 아무것도 변하지 않는다.

가령 그 자리에서는 모두 의욕적으로 "해보자!"고 했어도 회의실을 나온 후에는 다시 원점으로 돌아가는 상황이 반복되는 것이다.

비즈니스맨의 '문제해결력'과 학교 공부, 개인사와 팀업무 사이의 가장 큰 차이점은 '사람을 움직인다'에 있다.

많은 사람들이 해결을 위한 대답을 찾으면 모든 일이 끝났다고 생각한다. 해결책에 대해 능숙하게 프레젠테이션하면 완벽하게 전달되었다고 받아들이는 것이다.

하지만 그것은 학교 시험문제가 아니므로 현실에서의 문제해결과는 거리가 멀다.

비즈니스에서 문제해결은 모든 직원 혹은 사업부 전원이 행동으로 옮겨야만 이루어진다.

따라서 가장 중요한 점은 결정된 사항을 실행하게 만드는 것이다. 바꾸어 말하면 멤버들의 동기부여에 얼마나 효과적으로 작용했는지 여부에 따라 모든 결과가 달라지는 것이다.

동기부여를 위한
의식 공유

그렇다면 어떻게 하면 사람들을 움직일 수 있을까?

사람은 어떤 상황에서 의욕이 높아질까?

정답 중 하나는 다른 사람의 지시가 아닌 스스로 사고하도록 해야 한다는 것이다.

"이것이 해결책이구나! 내가 해야겠어!" 하고 각자 마음먹을 수 있으면 된다. 진심으로 그렇게 느꼈을 때 행동으로 이어진다.

즉, '의미'의 문제가 아닌 '의식'의 문제이다. 실행계획은 '의미'이다. 단순히 의미를 전달하는 것으로는 안 된다. 아무리 옳은 말이라도 사람들은 움직이지 않기 때문이다.

사람은 의미의 공유가 아닌, 의식의 공유에 의해 움직인다. 의미로만 사람들을 대하는 이상 아무리 좋은 해결책도 "좋은 방법이다, 당신이나 한번 열심히 해봐라"는 반응만 얻게 될 뿐이다.

내가 지금까지 계속해서 함께 생각하거나 의견을 교환하는 과정의 중요성을 강조한 이유는 단순히 좋은 아이디어를 얻기 위해서가 아니었다. 그보다는 일련의 과정을 통해 의식을 공유할 수 있기 때문이다. 친구, 혹은 팀원으로서 서로의 의식을 공유하는 과정에서 자연스럽게 동기부여가 이루어지는 것이다.

만일 이 글을 읽는 독자가 리더의 자리에 있다면 의식을 공유하는 과정에서 "이 부분은 제가 책임지겠습니다"라고 말하는 사람이 늘어나도록 노력해야 한다. 자신과 같은 문제의식을 얼마나 많은 사람들과 공유할 수 있느냐에 따라 문제해결의 성패가 결정된다.

5장 정리

1. 실행계획을 세운다.

2. PDCA 사이클을 제대로 작동시키려면 검증 책임자를 정해야
   한다.

3. 해결책을 실행하는 데 가장 중요한 것은 사람들의 의욕을 높
   이는 것이다.

4. 사람들은 '의식'을 공유해야 행동으로 실천한다.

6

문제해결의
기술을 익혀라

현실에서 부딪히는 수많은 문제를 해결하기 위해서는 분해 도구와 함께 회계와 경제학의 프레임워크를 알아두지 않으면 안 된다. 따라서 문제해결의 중요한 도구로서 회계학이나 경제학의 기초를 공부했으면 한다. 몇 시간의 짧은 투자가 비즈니스에서 문제해결력을 결정하는 요소로 작용할지 모른다.

문제해결력의
3가지 기본원칙

6장에서는 컨설턴트가 사용하는 문제해결의 기술 중에서 대표적인 방법을 기업 비밀에 저촉되지 않는 범위 안에서 소개하고자 한다(사실 비밀이라고 할 만한 일도 아니다. 누구에게나 가위가 있지만 충분히 활용하는지 여부는 그것을 사용하는 사람에게 달려 있다는 점을 잊지 말아야 한다. 많이 사용해본 사람만이 능숙하게 가위질할 수 있는 법이다).

본문으로 들어가기에 앞서 문제해결의 3가지 기본원칙부터 다시 한 번 정리하자.

1. 데이터를 수집한다.

2. 분해하여 생각한다.

3. 도구를 활용한다.

1의 '데이터 수집'에 대해서는 지금까지 구체적으로 이야기했으므로 굳이 반복하여 설명하지 않아도 될 듯하다. 데이터 수집에 있어서 중요한 내용을 복습하면 다음 3가지로 정리할 수 있다.

- 막연한 직감이나 고정관념은 피한다.
- '사실'과 '가정'을 구분한다.
- 가설을 세우기 위해 필요한 데이터를 수집하고 검증한다.

2의 '분해하여 생각한다'는 문제해결의 기본이다. 앞서 소개했던 '로지컬 트리'나 'UDE', '긴급도와 중요도의 4분면 매트릭스', '디시전 트리', 'PERT' 등은 모두 복잡하게 얽혀 있는 현재 상황을 분해하고 그 안에 숨겨진 문제와 원인을 가려내 해결책을 정하기 위한 방법, 즉 도구이다.

따라서 문제해결의 달인 여부는 우선 분해해서 생각하기 위한 도구를 얼마나 많이 가지고 있으며, 얼마나 능숙하게 활용할 줄 아느냐에 따라 결정된다. 지금부터는 기존에 예로 든 방법을 포함하여 몇 가지 도구와 사고방식을 소개하기로 한다.

문제해결의 기본적인 도구, 마케팅의 5P

비즈니스에서 대표적인 '문제', 즉 표면에 드러난 바람직하지 않은 현상에는 "매출이 오르지 않는다" 혹은 "이익이 늘어나지 않는다" "상품이 팔리지 않는다" 등이 있다. 서비스를 제공하고 그 대가를 얻는 것이 비즈니스이므로 위의 문제들은 어쩌면 당연한 현상일 것이다.

그러므로 비즈니스상의 문제해결의 대부분에는 '어떻게 물건을 팔아야 할지'를 생각하는 마케팅의 분해도구가 사용된다.

그중에서 기본 중의 기본이라 불리는 것이 마케팅의 5P이다.

Product(제품)

Price(가격)

Place(유통)

Promotion(판매촉진, 광고)

여기까지는 많은 독자들도 알고 있을 것이다. 실제로 기존
에는 '마케팅의 4P'가 일반적이었기 때문이다(1장에서 5장까지
도 4P로 소개했다).

그러나 최근 1개의 P가 더해져 5P로 불리는데, 새로운 P
는 과연 무엇일까?

바로 Partner이다. 즉 서로 도움을 주고받는 동반자이다.

그렇다면 5개의 P를 어떻게 문제해결의 도구로 사용하는
것일까?

대상으로 하는 '문제'가 마케팅과 관련되어 있는 경우 5개
의 P로 나누어 현상을 분해하고 하나씩 검토해 나가는 식으
로 진행된다.

유통에 관련된 문제를 예로 들면 가게를 따로 임대하지 않
고 인터넷으로 물건을 판매하는 것이 좋을지, 아니면 도매상
을 통하는 게 좋을지, 반대로 가게를 여는 것이 좋을지 등을
검토하는 것이다.

프로모션에서는 광고나 홍보에 사용할 자금의 규모나 매
체선택 등과 관련해 필요한 정보를 수집한 결과, 문제가 가

격으로 드러나면 이후에는 가격이론을 중심으로 검토하면 된다. 이때 가격의 상한선과 하한선을 결정하는 방법은 무엇일까?

거의 매일 상품을 구매하고 있으니 누구나 쉽게 정할 수 있을 것 같지만 의외로 가격이론을 알고 있는 사람이 많지 않다. 그러므로 잠깐 가격을 결정할 때 유용한 도구를 소개하도록 하자.

먼저 하한가부터 설명하면 하한가는 비용에 따라 정해진다. 비용보다 낮은 가격으로 판매하는 것은 단기 전략으로는 가능할지 모르나 장기적으로는 불가능한 전략이다. 물론 이것은 어디까지나 기업 입장에서 본 시각이다(비용과 맞먹는 가격으로 승부하는 상품은 비용을 세이브하는 데 주력해야 한다).

반면 상한가는 어떻게 결정될까? 상한가는 고객의 시각으로 본 상품의 가치로, 그 가치를 최상의 수준에서 결정한 것이다(그리고 상한가로 제품을 판매하는 기업은 비용으로 승부를 건 곳보다 확실히 많은 이윤을 남긴다).

이처럼 마케팅의 5P도 문제를 분해하는 도구 중 한 가지로 활용된다. 팔리지 않는 원인이 어디에 있는지 분해하여 생각함으로써 "물건이 팔리지 않는다"는 문제를 보다 쉽게 해결할 수 있다.

5P는 제롬 매카시E. Jerome McCarthy라는 미국의 마케팅 학자가 1961년에 발표한 4P에서 따온 이론이다. 그의 분류방식 덕분에 마케팅과 관련된 문제가 이해하기 쉽게 정리되었다고 할 수 있다.

물론 오랜 시간 생각하면 혼자 힘으로도 분류가 가능하겠지만 처음부터 5P를 염두에 두고 있으면 빠른 시간 안에 해결책을 찾아낼 수 있다. 앞으로 설명할 가격이론 역시 마찬가지다.

다양한 도구를 알면 문제해결이 쉬워진다고 말하는 이유가 바로 해결책을 찾는 수고를 줄이고 시간도 절약할 수 있기 때문이다.

고객 시점에서 분석한
4C와 QPS

마케팅의 4P와 더불어 자주 거론되는 것이 4C이다. 4P가 기업 시각에서 분류한 방법이라면, 미국 노스캐롤라이나 대학 매스컴학과 교수인 로버트 로터본Robert F.Lauterborn이 발표한 4C는 물건을 구매하는 고객의 시각에 의한 분류방법이다.

Customer value(고객이 느끼는 가치)

Cost(가격 = 고객 입장에서 본 가격)

Convenience(편리함)

Communication(상호간의 소통)

언뜻 보아도 각각 Product·Price·Place·Promotion에 대응하고 있음을 알 수 있다. 기업의 시각에서는 발견하기 어려운 '팔리지 않는 이유'도, 고객 입장에서 분류하는 도구로 '잘라서' 보면 쉽게 찾아낼 수 있다.

내 경우에는 고객 시점에서 생각하고자 할 때 4C보다는 'QPS'를 자주 활용한다. 사용하는 사람에 따라 저마다 익숙한 도구가 있게 마련인데, 내게는 'QPS'가 더 쉽게 느껴진다. 'QPS'는 고객이 무엇을 보고 상품을 구매하는지 분해하는 도구이다.

Quality(상품의 질)

Price(상품의 가격)

Service(상품의 서비스)

고객이 원하는 것을 위의 3가지 측면으로 분해함으로써

| 도구(가위)를 갖고 있으면 분류하기가 쉬워진다 |

지금까지 보이지 않았던 부분이 드러나는 경우가 많다.

아마노하시다테 온천의
AIDMA 법칙

예전에 아마노하시다테(天橋立 : 일본 서부지역의 온천으로 유명한 관광지 – 옮긴이)의 한 단체로부터 강연 초청을 받은 적이 있었다. 강연주제는 "어떻게 하면 더 많은 관광객을 유치할 수 있을까" 하는 것이었다.

알다시피 아마노하시다테는 '일본의 3경景' 중 하나로, 햐쿠닌잇슈(百人一首 : 100명 가인[歌人]들의 노래를 한 소절씩 모은 카드게임 – 옮긴이)에도 등장하는 유명한 관광지이다. 그런데도 이곳의 이름을 듣고 일본지도에서 위치를 찾아낼 수 있는 사람이 흔치 않다.

간사이 지역 출신은 물론 그 외 사람들에게도 또 다른 일본 3경인 마쓰시마松島나 미야지마宮島에 비해 낯선 느낌이 든다. 당연히 방문객도 그리 많지 않다.

그렇다면 왜 관광지로서 인기가 덜한 것일까? 또한 낮은 지명도와 인기를 높일 방법은 무엇일까?

이 '문제'를 마케팅 '기술' 중 하나인 AIDMA 법칙으로 생각해보자.

Attention(주의를 끈다)

Interest(관심을 가진다)

Desire(욕구가 생긴다)

Motive(욕구의 상승) or Memorize(기억에 남을 만한 요소가 있다)

Action(행동한다)

AIDMA는 위의 앞글자를 딴 용어로, 사람이 상품을 구매하는 과정을 모델화한 것이다. 나는 상품이 팔리지 않는 상황의 해결책을 찾을 때 주로 AIDMA를 활용한다.

Attention이란 '어떤 일에 주의를 기울인다' 혹은 '처음부터 알고 있다'는 의미이다.

그리고 여기에 '관심을 갖는' 것이 Interest. Desire 단계에서 흥미가 욕구로 바뀌고 Motive에 의해 욕구가 점차 높아지다가 최종적으로 Action, 즉 '구매'가 이루어지게 된다.

Motive를 Memorize로 해석할 때도 있다. Memorize의 경우에는 기억에 남아 그것이 구매로 연결되는 것이다.

만약 상품이 팔리지 않는다면 위의 흐름에서 끊긴 부분은 무엇일까? 또한 보틀넥으로 변한 지점이 어디일까?

AIDMA는 그런 문제를 분해해 해결책을 생각하기 위한 도구로서 원인을 조사하여 흐름이 끊긴 부분을 이어줄 방법을 찾는 것이다.

그러면 AIDMA 법칙을 아마노하시다테의 사례에 응용해 보자.

주의 Attention

우선 어디론가 여행을 떠나고자 할 때 '아마노하시다테'를 떠올리는 사람이 얼마나 될지를 생각해보자.

아마도 간사이 지역 주민은 물론 도쿄에 사는 사람들도 거의 생각하지 못할 것이다. 알지 못하는 물건은 살 수 없다. 처음부터 Attention이 부족한 상태로서 처음부터 팔릴 만한 상품의 흐름이 형성되지 않은 것이다.

흐름의 시작은 PR에 있다. 이 경우 단순히 이름만 알리는 것으로는 곤란하고 "아마노하시다테에는 이런 재미가 있습니다" 하고 내세울 만한 무언가가 필요하다. Attention이 여의치 않은 경우에는 적절한 PR방법부터 생각해야 한다.

흥미Interest

PR을 통해 아마노하시다테를 알게 되었다면 이곳에 와서 흥미를 느껴야 한다.

나 역시 강연에 초청받아 그곳에 가기 전까지 몰랐던 사실이지만(오사카에서 태어나 줄곧 그곳에서 자랐고 교토에서 대학을 졸업했음에도 불구하고), 아마노하시다테에는 바다로 둘러싸인 모래사장인 사주砂洲가 길게 펼쳐져 있었다. 처음부터 끝까지 걸으면 약 1시간 반이나 걸리는 넓이로, 자전거를 대여해 일주할 수도 있다. 나도 그곳을 보는 순간 경치와 이국적인 분위기에 이끌려 곧바로 산책을 나갈 정도로 매력적인 곳이었다.

지금까지 몇몇 유명한 가인歌人이나 시인들이 즐겨 찾았고, 평범한 관광객들도 가볍게 시나 짧은 시조를 읊으며 풍광을 즐기기도 한다.

어떠한가? 조금은 흥미가 생기지 않는가? 이것이 Interest이다.

욕구Desire

물론 시를 좋아하는 사람은 다음 단계인 '가고 싶다'는 욕구Desire로 옮겨가겠지만 대부분의 보통 사람들은 아직 그다지 내키지 않을지도 모른다. 그 정도로는 "꼭 가보고 싶다!"

라는 느낌이 들지 않는, 즉 흥미는 있지만 욕구까지는 생기지 않은 상태이다.

일반인들에게 가고자 하는 욕구를 강하게 불러일으켜줄 무언가가 필요하다. 예를 들어 온천은 욕구가 될 수 있다. 관계자에게 물어보니 온천도 조성되어 있다고 한다. 따라서 "아마노하시다테에는 끝없이 펼쳐진 모래사장과 온천이 있다"고 하면 PR은 해결된다.

욕구의 상승 Motive

어떤 사람이 "교토에 가는 길에 한번 들러볼까" 하고 생각했다고 하자.

그런데 교통편을 조사해보고 교토에서 2시간이나 걸린다는 사실을 알았다면 대부분은 "너무 멀다"며 포기해버릴 것이다. 그 정도 거리라면 잘 곳도 마땅치 않은 아마노하시다테에 일부러 찾아갈 필요 없이 유명한 여관이 늘어서 있는 아리마有馬 온천으로 행선지가 바뀔 게 불 보듯 뻔하다.

다시 말해 Desire가 Motive로 연결되지 못하는 상황이다. 결과적으로 Action에는 도달할 수 없다.

여기에서 해결책은 무엇일까?

이제부터 본격적인 문제해결로 들어가자. 문제를 불러온 진짜 원인을 찾아보는 것이다.

고객의 시선으로 하는
상품 체크는 기본

교토나 오사카에서 2시간 반이나 걸리는 거리는 상당히 멀다고 할 수 있다.

그러나 사람들은 쾀이나 사이판에 갈 때 그곳이 "멀다"고 말하지 않는다.

하코네箱根는 신주쿠新宿 역에서 1시간 반이나 걸리지만 멀다고 불평하는 도쿄 사람들을 본 적이 있는가? 오히려 "온천이 가까워서 쉽게 갈 수 있다"고 이야기한다. 즉 '멀다'라고 느끼는 것은 시간 문제라기보다는 그 시간이 지루한가 그렇지 않은가 여부에 달려 있다.

강연을 위해 아마노하시다테에 가면서 알게 된 사실인데, 그곳까지 타고 가는 전차는 전망을 바라볼 수 있도록 제작된 (본래 전차 마니아인 관계로 특히 마음에 들었다) 차량이었다. '탱고 디스커버리'라는 그럴 듯한 이름(참고로 오사카에서 출발하는 열차는 탱고 익스플로러이다)을 갖고 있었지만 아마노하시다테로 가는 2시간은 무척이나 길게 느껴졌다.

이유가 무엇일까?

그 이유는 열차 안에서 물건을 팔지 않았기 때문이다. 내가 열차에 탔을 때 주부 단체관광객들은 3분간 정차하는 어떤 역의 플랫폼에 있는 자판기에서 음료수를 사오느라 분주하게 오르내렸다. 기차 안에 자판기 정도는 설치해놓는 게 필요하겠다는 생각이 들었다. 아마도 오다큐 로맨스카(小田急ロマンスカー : 오다큐선 열차회사에서 운영하는 열차의 총칭 – 옮긴이)였다면 신주쿠에서 온천지역까지 가는 동안 생맥주를 파는 판매원이 승객 사이를 누비고 다녔을 것이다. 실제로 오다큐 로맨스카에서는 생맥주는 물론 와인과 위스키까지 팔고 있다. 이 열차를 이용해 하코네에 가는 사람들은 신주쿠를 출발하는 순간부터 색다른 즐거움을 경험하는 셈이다.

하코네 온천에 도착할 쯤에는 승객 대부분이 기분 좋게 취해 있을 정도이다. 그러니 여행이 즐거울 수밖에 없고, 온천으로 향하는 시간이 결코 지루하게 느껴지지 않는다.

2시간 반 정도 거리라면 아마노하시다테도 교토나 오사카에서 가는 여정을 얼마든지 가깝게 느끼도록 만들 수 있다. 가는 길에 재미로 여길 만한 요소가 있다면 충분히 가능하다.

그 시간만 지나면 눈앞에 일본 3대 절경이 기다리고 있는 것이다. 한 가지 거슬리는 점이라면 모래사장을 가로지르며 달려가는 트럭의 행렬이다. 산책하는 관광객들 곁으로 거대한 소나무를 실은 대형 트럭이 달린다.

지역 주민에게는 일본의 3대 절경인 모래사장이 일상의 한 부분일지 모르나, 일생에 한 번뿐일지도 모르는 여행자들에게는 다소 흥이 깨지는 광경이 아닐 수 없다.

관광객수를 늘리고자 한다면 사소한 것이라도 일부러 먼 길을 찾아온 고객들에게 감동을 선사하려고 노력해야 한다.

그러기 위해서는 관광협회 직원들이 실제로 관광객이 되어 길게 뻗은 모래사장을 걸어보지 않으면 안 된다. 그곳에 살면서도 모래사장을 끝까지 일주한 사람이 없을 만큼 무신경하다면 결코 고객의 마음을 읽을 수 없을 것이다. 고객의 시선으로 상품과 서비스를 체크하는 것이야말로 비즈니스의 기본이다.

메르세데스 벤츠의
AIDMA 전략

아마노하시다테를 AIDMA 법칙으로 본다면 여러 가지 과제가 부각된다. 여기서 또 다른 예인 메르세데스 벤츠의 경우를 살펴보도록 하자.

벤츠는 브랜드 전략을 중심으로 뛰어난 홍보효과를 누리고 있으므로 Attention, Interest, Desire까지의 흐름은 원활하게 이루어지고 있다. 그 결과 "사고 싶다" "갖고 싶다"는 사람이 많은 것이다.

그러나 한편으로는 가격이 지나치게 비싸다고 생각하는 사람도 있다. Desire까지는 진행되었지만 "비싸다"는 이유로 Motive 단계에서 구입할 마음이 생기지 않아 '구매'라는 Action까지 도달하지 못하는 경우이다.

말하자면 메르세데스 벤츠의 사례에서 보틀넥은 Motive에 있다.

Motive를 강화하기 위해 메르세데스 벤츠가 선택한 방법은 지불방식을 세분화하여 장벽을 낮추는 것이었다. 저금리 대출이나 5년 리스 후 구매를 전제로 할부가격을 내리는 등의 지불방법을 제안했다. 덕분에 "갖고 싶다!"는 소비자들의 욕구가 더욱 커지게 되었다.

장점과 약점
SWOT분석 하기

지금까지 분해하여 생각하기 위한 기본적인 도구를 예로 들어보았다. 다음으로는 경영에 관련된 분석도구를 몇 가지 소개하기로 한다.

[SWOT]

Strength(장점)

Weakness(약점)

Opportunity(기회)

Threat(위협)

이것은 내부에서 보았을 때 자사自社의 장단점은 무엇이며, 외부에서 보았을 때 기회와 제거할 위협이 무엇인지 등 4가지 측면에서 상황을 검토하는 도구이다.

	Opportunity(기회)	Threat(위협)
Strength(장점)		
Weakness(약점)		

분석이라고 하지만 단순히 사물을 분해하는 것처럼 보인다. 그런데 막상 작성해보면 회사나 사업부, 혹은 특정 제품의 상태가 놀랍도록 쉽게 드러나기 때문에 여러 사람의 의견을 일치시키는 데 효과적이라는 사실을 알게 된다.

이를 테면 '장점'을 살려 '기회'로 삼을 것인지, 아니면 '약점'이 '위협'의 대상이 될지 상의할 수 있다. 의견이 모아지면 여기에 '중요성'을 더해 앞으로 회사가 추구해야 할 우선순위를 정하는 일도 가능하다.

179쪽 표에 독자 여러분이 다니고 있는 회사의 SWOT를 적어보자.

단, 다른 분석도구를 사용할 때와 마찬가지로 '구체적으로' 생각할 수 있는 부분이 어디까지인지를 구분해야 한다. 그러기 위해서는 앞서 강조했던 "왜?" "정말로?" "그래서?"와 같은 질문을 반복한다. 논리적 사고가 가능해졌을 때 그것을 구체적인 방법으로 정리할 수 있는 코디네이터(조정하는 사람)가 있다면 더욱 바람직하다.

SWOT분석이란?

기업의 내부 환경과 외부 환경을 분석하여 강점(strength), 약점(weakness), 기회(opportunity), 위협(threat) 요인을 규정하고 이를 토대로 경영전략을 수립하는 기법이다. 미국의 경영컨설턴트인 알버트 험프리(Albert Humphrey)에 의해 고안되었다.

SWOT분석은 외부로부터 온 기회는 최대한 살리고 위협은 회피하는 방향으로 자신의 강점은 최대한 활용하고 약점은 보완한다는 논리에 기초를 두고 있다. SWOT분석에 의한 경영전략은 다음과 같이 정리할 수 있다.

- **SO전략**(강점-기회 전략): 강점을 살려 기회를 포착
- **ST전략**(강점-위협 전략): 강점을 살려 위협을 회피
- **WO전략**(약점-기회 전략): 약점을 보완하여 기회를 포착
- **WT전략**(약점-위협 전략): 약점을 보완하여 위협을 회피

― 〈시사경제용어사전〉, 2010.11, 대한민국정부

PPM에 의한
자원의 분배방식

예전에 쓴 책에도 소개한 적이 있는 PPM Product Portfolio Management 역시 일반적으로 쓰이는 분석도구 중 하나이다.

이 방법은 기업이 한정된 경영자원을 가장 효율적으로 활용하기 위해서 제품이나 사업부를 어떤 식으로 분해할지를 구성하기 위한 것으로, 1960년대 보스턴 컨설팅그룹에 의해 고안되었다.

세로축은 시장성장률, 가로축은 경쟁력(시장점유율)을 각각 표시하여 4분면 매트릭스로 분류한다.

- 시장성장률은 둔화하고 있으나 경쟁력이 최대인 것은 '금으로 변한 나무'
  - 추가투자 없이 캐시플로가 발생한다.
- 시장성장과 함께 투자가 이루어져 점차 시장점유율을 늘려가고 있는 것은 '별'
- 시장성장과는 달리 투자부족 등으로 시장점유율이 하락해가고 있는 것은 '문제아'
- 시장이 쇠퇴기에 들어서고, 시장점유율도 여의치 않은

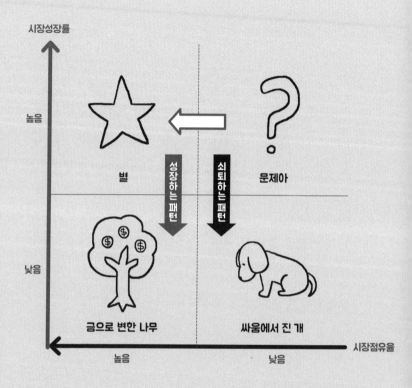

시장성장률

높음

별

성장하는 패턴

쇠퇴하는 패턴

문제아

낮음

금으로 변한 나무

싸움에서 진 개

높음 낮음 시장점유율

것은 '싸움에서 진 개'

  – 중단해야 하는 제품이나 사업

자사의 제품을 이 매트릭스에 대입하여 자원분배에 대해 생각하는 것이다.

PPM에서는 '금으로 변한 나무'로 얻은 수익을 '문제아'에 투자하여 '별'로 성장시키는 것을 원칙으로 하고 있다.

ABC분석의
가장 좋은 활용법

이번에는 'ABC분석'에 대해 이야기해보자.

ABC분석은 우선순위를 정하고 관리하기 위해 중요한 것부터 순서대로 나열하여 A, B, C의 3개 그룹으로 나누어 분석하는 도구이다.

제품이나 거래처를 매출순으로 나열한 후 전체 매출의 누적구성비에서 상위 80퍼센트를 점유하는 상품이나 거래처를 A그룹, 80~90퍼센트까지를 B그룹, 나머지를 C그룹으로

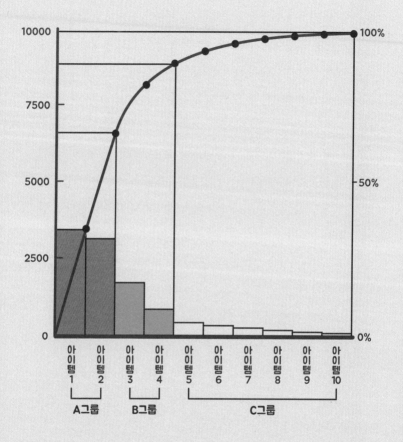

아이템 1	아이템 2	아이템 3	아이템 4	아이템 5	아이템 6	아이템 7	아이템 8	아이템 9	아이템 10

A그룹　　　B그룹　　　　　　　C그룹

분류하는 방법으로, 이 분석방법은 경영현장에서 자주 사용된다.

여기까지 설명을 들으면 ABC분석이 '80 - 20 법칙'과 흡사하다고 생각할 수 있다. 즉, 상위 20퍼센트의 상품이나 거래처가 전체 매출의 80퍼센트를 차지한다는 것이다.

그런데 중요한 것은 이제부터이다.

흔히 경험이 적은 컨설턴트나 경영자들은 상위 20퍼센트의 상품이나 거래처를 기준으로 주력대상을 정하면 되고, 하위 80퍼센트에 자원을 낭비하지 않도록 정리하면 된다고 말한다.

하지만 이때 고려해야 할 점은 "무심코 지나친 상품이나 거래처가 없는지" 살펴보는 것이다.

다시 말해 현시점에서는 B나 C그룹에 속해 있는 거래처라도 실제로는 회사에서 예산을 사용하지 않은 상태인 경우도 있다. B그룹이나 C그룹으로 분류된 이유가 단순히 판매를 위해 충분한 투자가 이루어지지 않았기 때문일 수도 있다는 얘기이다.

나는 컨설팅 의뢰를 받을 때마다 기업 담당자들에게 항상 그 점을 강조한다.

일반적으로 A그룹의 거래처나 상품은 이미 최대한의 매출을 달성하고 있어서 더 이상 시장점유율을 늘려나가기 어려울 수 있다. 반면, B그룹이나 C그룹에는 시장점유율이 매우 낮은 거래처도 적지 않다. 달리 해석하면 아직 올라갈 여지가 남아 있다는 의미로 볼 수 있다.

물론 거래처나 상품 자체의 힘도 있겠지만 내 개인적인 경험에 의하면 B그룹과 C그룹 안에는 잠재력이 큰 고객이 숨어 있는 경우가 많다. 물론 당장은 A그룹의 거래처나 상품의 매출을 유지 또는 상승시키기 위해 노력해야겠지만 그것만으로는 미래의 성장을 기대하기가 어렵다.

많은 사람들이 오해하고 있는 점은 ABC분석의 본래 목적은 B와 C그룹 안에서 '놓치고 지나간' 부분을 찾아내는 것이지 결코 B와 C를 버리기 위한 도구가 아니라는 사실이다. 누구나 '매출'은 잘 알고 있다. 그러나 그 안에 숨겨진 '보석'을 가려낼 줄 아는 감각이야말로 프로 경영자와 컨설턴트가 갖추어야 할 능력이다.

만약 단순히 차례대로 나열해 구성비를 계산한 다음 "하위 80퍼센트에 해당되는 상품은 사업을 포기하자" 또는 "해당 거래처와의 관계를 정리하자"라고 결정한다면 그것은 초등학생의 발상과 다를 바 없다.

레이더차트에 의한
시각화

개인의 능력에 대해, 예를 들어 각 항목의 모의테스트 수치나 결단력, 집중력, 행동력, 대인관계 등의 특성을 몇 가지 항목으로 나누어 5각형이나 6각형 그래프로 만들어본 경험이 있을지 모르겠다.

'레이더차트'라고 하는 것은 도형의 일그러진 형태에 따라 어느 부분이 강하거나 혹은 약한지 조사대상의 상태를 한눈에 알아볼 수 있는 '시각화' 방법의 하나이다.

조사대상이 책일 경우 각 항목의 평가를 레이더차트로 나타내면 우선 매출을 결정하는 요인, 즉 저자나 주제, 제목, 내용의 난이도, 장정, 가격, 홍보 등에 대해 각각 7단계로 표시한다. 그리고 그것을 레이더차트로 만드는 것이다.

단, 레이더차트만으로는 문제해결에 효과를 보기가 어렵다. "제목이 좋지 않았다"는 평가가 나왔으니 "다음에는 제목을 바꾸자"라고 결정해봐야 별 의미가 없다.

레이더차트가 문제해결의 도구로서 효과를 발휘하기 위해서는 비교대조군이 있어야 한다.

예를 들어 다른 출판사에서 나온 같은 저자의 책이 우리

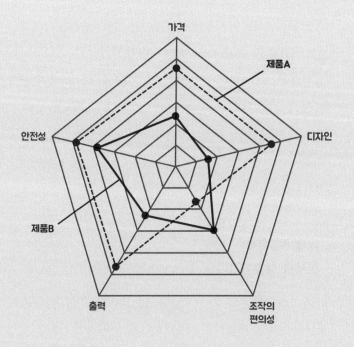

회사에서 나온 책보다 많이 판매되었을 경우, 같은 항목으로 분류해 평가한 후 다른 컬러의 도형으로 표시한다. 그 결과 어떤 차이점이 드러났을 때 비로소 레이더차트의 위력이 발휘하는 것이다.

즉 레이더차트를 이용해 분석할 때는 2개의 상품을 상대적으로 비교해야(상대적인 레이더차트 작성) 효과가 있다.

실제로 만들어보면 알 수 있는데 객관적인 데이터를 구할 수 없어 주관적인 평가를 해도 비교해볼 만한 가치가 있다. 판매에 영향을 끼치는 요소가 무엇인지 한눈에 알아볼 수 있기 때문이다.

보틀넥을 찾아
문제를 해결하기

도구와는 조금 다르지만 기억해두면 편리한, 문제해결의 '공통언어'처럼 쓰이는 것이 있어 소개하고자 한다. 그것은 앞서 언급했던 '보틀넥'이라는 개념이다. 문자 그대로 '병의 목부분', 즉 흐름이 정체되어 있는 구간을 말한다.

사외이사로서 한 회사의 임원회의에 참석할 때 나는 "무엇이 보틀넥이라고 생각하십니까?"라는 질문을 자주 던진다.

예를 들어 '매출이 오르지 않는' 바람직하지 못한 현상, 즉 UDE가 발생한 상황에서 해결책을 고려할 때는 매출이 오르지 않는 과정 안에서 원인을 찾아야 한다. 무작정 광고나 영업사원을 늘리면 원하는 성과를 얻기보다는 오히려 비용만 늘어난다는 사실을 대부분의 독자들도 알고 있을 것이다.

매장을 찾아오는 고객을 늘리는 게 좋을지, 아니면 방문객은 많은데 계약률이 낮은 것인지 등 근본적인 원인을 찾아내는 일이 중요하다. 이것을 '보틀넥의 결정'이라 하기도 한다.

'보틀넥'과 '근본적인 원인'은 차이점이 거의 없고 단지 '보틀넥'이라는 말을 공통용어로 사용함으로써 구성원들이 공통적으로 인식하기가 쉬워진다. 그리고 이것은 매우 중요하다.

실제로 최근 상담사례 중 방문객수와 계약률 모두 어느 정도 수준인데 매출이 오르지 않는 경우가 있었다. 과연 매출의 발목을 잡고 있는 보틀넥은 무엇인지 파악할 필요가 있는 경우였다.

보틀넥이 되고 있는 요소를 조사하기 위해서 가장 먼저 로지컬 트리를 만들었다. 매출이 오르지 않는 이유를 방문자수와 계약률 등으로 분해하고, 각각의 구체적인 숫자에 따라 분석·검토했다. 그 결과 개당 단가가 낮은 데 원인이 있다는 것을 알게 되었다. 다시 말해 보틀넥은 단가(상품의 가격설정)였던 것이다.

하지만 단순히 가격을 올린다고 문제가 해결되는 건 아니다. 가격 문제는 상품성과 결부시켜 생각해야 하기 때문이다. 결국 내가 제안한 해결책은 상품성 개선이었다. 상품성을 높임으로써 단가 인상은 자연스럽게 해결된다고 생각했다.

이와 같이 보틀넥을 이용해 문제를 분해하여 생각하고 필요한 데이터를 수집·분석하여 특정한 문제로 압축시킬 수 있다.

재고 비용을 줄이기 위한 전략

문제해결의 '기술'과 관련해서 다음의 케이스스터디로 마무리하자.

〈사례 3〉

한 달에 3만 개의 미술용 붓을 생산하는 A사는 도매회사를 통해 전국의 문구점에서 판매를 하고 있다. 붓의 도매단가는 390엔. 제조원가는 원자재비 등의 변동비용이 200엔, 인건비와 공장 감가상각비 등 고정비로 한 달에 약 240만 엔이 들어간다.

최근 2대 사장이 취임하면서 회사를 2개로 분리, 제조회사와 판매회사로 구성해 독자적으로 판매를 시작했다.

판매단가는 기존 200엔의 변동비용에 고정비용을 3만 개로 나눈 80엔(240만 엔÷3만 개)과 40엔의 제조회사 '이익'을 더해 320엔으로 결정했다. 각 회사의 사장은 이윤을 극대화한 공으로 보너스까지 지급받았다.

새로운 사장은 회사의 분리와 판매 덕분에 생산성 향상과 제품의 양품률(불량률의 반대말 – 역주) 증가, 가격인하에 의한 인센티브가 작용하여 판매회사의 매출이 늘어날 것으로 예상했다.

사장의 예상대로 생산과 판매회사의 도입 후 제조회사의 생산성이 10퍼센트 향상되었다. 그러나 판매수요는 이전과 같은 수준이어서 점점 더 재고가 늘어나고 있었다.

제조회사의 이익은 당초 예상했던 월 120만 엔에서 약 142만 엔으로 증가해 제조책임자의 보너스는 예정대로 주어질 예정이다.

당신이 사장이라면 이 문제에 어떻게 대응할 것인가?

우선, 지금까지 배운 도구 중에서 무엇을 사용할 수 있을지 생각해보자.

문제를 읽으면서 조금 당황했을지도 모르겠다. 위의 상황을 해결하기 위해서는 지금까지 이야기한 것과는 전혀 다른 도구, 즉 회계지식이 필요하기 때문이다. 이것은 마지막으로 반드시 필요한 도구의 활용 예로서 간단하게 설명해보도록 하자.

가장 먼저 제조회사의 이익이 증가한 부문에 대해 이해할 필요가 있다.

이익이 오른 이유는 생산량 증가 덕분이다.

지금까지 3만 개를 만들던 회사가 3만 3,000개를 만들면 어째서 이익이 늘어나게 되는 것일까?

그것은 제품 1개에 포함된 '고정비용'이 내려가기 때문이다. 실제로 지금까지 80엔이었던 고정비용이 72.7엔(240만 엔 ÷3만 3,000개) 수준으로 줄어들었다. 달리 얘기하면 똑같은 투자금으로 10퍼센트 정도 더 많이 생산한 셈이다.

결국 1개당 제조원가는 내려가지만 판매가격은 같기 때문에 1개당 이익이 약 7.3엔 늘어난다. 회계상으로 판매회사로 넘어가는 판매분인 3만 개만큼 제조회사의 이익이 증가하게 되는 것이다.

이와 같은 문제는 어떻게 해결하면 좋을까?

이대로 계속 유지하다간 감당할 수 없을 만큼 재고가 쌓일 게 분명하다.

해답은 현재의 생산량에 따라 제조회사의 이익구조를 바꾸는 것이다. 즉, 1개당 고정비용의 배분을 달리하는 방식을 취해야 한다.

지금까지는 제조회사가 만들어내는 만큼 1개당 고정비용이 낮아지고, 그 결과 제조원가 역시 내려가는 구조였다. 이 것을 제품 하나하나에 고정비를 부과하지 않고 '기간비용'으로 바꾸어 제조회사의 비용을 분기별로 계산하는 것이다.

바뀐 방식으로 계산해보면, 제조회사의 매출은 판매회사에 넘긴 3만 개분의 제품가격인 960만 엔(320엔×3만 개)이다. 여기에서 변동비용 600만 엔과 고정비용 전액인 240만 엔을 빼면 제조회사의 이익은 120만 엔이 된다. 다시 말해 생산량과 상관없이 고정비용을 기간비용으로서 모두 빼버리면 되는 것이다.

다양한 도구를 알면
문제해결이 쉬워진다!

'직접원가계산'이라고 말하는 이 계산방법은 관리회계의 개념이다. 고정비용을 상품 하나하나에 부과했을 때 재고 분량에 고정비용이 남는 것을 방지하기 위해 고안해낸 방식이다.

일반적으로 잘 알려진 재무회계상의 이익회계에서는 팔리는지 여부와 상관없이 많이 만들어내면 단가가 내려가서 그만큼 원가가 절감되는데(이것을 '전부원가계산'이라고 한다), 이러한 계산상의 단점을 보완하기 위한 것이 직접원가계산이다.

회계와 경제 관련
기초지식의 필요성

몇 가지 도구를 설명하는 과정에서 마지막으로 회계를 이야기한 데에는 그만한 이유가 있다. 지금까지 얘기한 UDE나 SWOT 역시 문제를 분해해서 사고하는 데 중요한 도구지만 그것만으로 해결할 수 있는 문제와, 회계지식이나 경제분야의 기초지식을 모르면 해결할 수 없는 문제가 있다는 것을 인식했으면 하는 바람 때문이다.

비즈니스스쿨(경영대학원)에서는 회계학이나 경제학의 기

초를 반드시 배운다.

두말할 나위 없이 두 분야의 기초지식이 경영을 공부하는 데 반드시 필요한 '도구'이기 때문이다.

현실에서 부딪히는 수많은 문제를 해결하기 위해서는 분해도구와 함께 회계와 경제학의 프레임워크(구조)를 알아두지 않으면 안 된다.

그러므로 이 책을 읽는 독자들은 문제해결의 중요한 도구로서 회계학이나 경제학의 기초를 공부했으면 한다. 입문서 정도의 수준은 몇 시간이면 충분히 읽을 수 있다. 몇 시간의 짧은 투자가 비즈니스에서 문제해결력을 결정짓는 요소로 작용할지도 모른다.

이 책에 나온 재무회계와 관리회계의 프레임워크를 공부하고자 하는 독자들에게는《1초로 재무제표 읽는 법》을, 경제나 회계의 기초지식과 숫자를 읽는 법에 대해서는《회사에서 꼭 필요한 최소한의 숫자력》을 권할 만하다.

6장 정리

---

1. 기본적인 분해도구인 마케팅의 5P와 4C, QPS를 활용해라.

2. 의외로 쓰임새가 다양한 마케팅의 AIDMA

3. SWOT분석은 구성원의 의견일치를 위해 사용한다.

4. PPM으로 자원의 분배방법에 대해 검토한다.

5. ABC분석에서는 B와 C의 약점에 주목한다.

6. 레이더차트는 2개 이상의 상품을 비교할 때 활용한다.

7. 보틀넥을 찾아낸다.

8. 회계와 경제의 기초지식을 쌓는다.

문제해결을
방해하는 요소

많은 경우 근본문제에 도달하기도 전에 표면적인 현상에 좌우되어 일시적인 대처로 마무리짓거나, 진짜 원인을 파악하고 해결하기보다는 표면적인 장애 앞에서 문제해결을 포기해버리는 일이 적지 않다. 어쩌면 그것이 문제해결을 가로막는 가장 높은 장애물인지도 모른다.

문제해결을 방해하는 요소 1
: 사고의 정지

지금까지 이 책을 읽은 독자들은 문제를 해결하는 능력이 이전보다 꽤 향상되었으리라 생각한다.

여러 차례 강조한 것처럼 문제해결이란 여러 현상 속에서 문제가 무엇인지를 가려내고, 그 안에 숨겨진 근본문제를 드러내 본질적인 원인으로 압축하는 일을 의미한다.

즉 근본문제 안에서 대응 가능한 일을 찾아내 대응책을 세우는 것이다. 아무리 복잡하고 곤란한 상황에 놓인 일이라도 그것을 분해하여 근본문제를 알게 되면 대응할 만한 여러 가지 방법을 고려할 수 있다.

그런데 많은 경우 근본문제에 도달하기도 전에 표면적인

현상에 좌우되어 일시적인 대처로 마무리짓거나, 진짜 원인을 파악하고 해결하기보다는 표면적인 장애 앞에서 문제해결을 포기해버리는 일이 적지 않다. 어쩌면 그것이 문제해결을 가로막는 가장 높은 장애물인지도 모른다.

왜 그럴까?

가장 큰 원인은 근본문제까지 도달하기 전에 '사고의 정지상태'에 빠지기 때문이다. 이 문장을 읽고 "그런 적이 없다" 혹은 "문제에 대해 잘 알고 있다"라고 반응하는 독자들이 있을 것이다. 205쪽의 그림을 보자.

모든 일에는 깊이가 있어서 2단계, 3단계, 4단계, 5단계와 같은 식으로 파고들어갈 수 있다. 혹시 독자들 중에 1단계나 2단계에 머물고 있으면서 모든 문제를 알고 있다고 생각하는 사람은 없는가?

그와 같은 일은 대개 자신이 생각하는 것보다 더 깊은 세계가 있다는 사실을 모르기 때문에 생기는 현상이다. 말하자면 '바보의 벽(자신만의 생각에 갇혀 있는 것. 일본의 뇌 전문가 요로 다케시의 저서로 널리 알려지게 되었다 - 옮긴이)', 즉 문제해결을 방해하는 커다란 벽 때문이다.

그렇다면 어떻게 하면 좋을까?

이 벽은 의외로 강력하지만 깰 방법은 있다. 바로 다음에

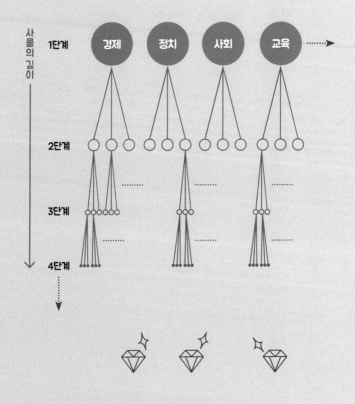

사물의 깊이

1단계 경제 정치 사회 교육 ┄┄┄➤

2단계

3단계

4단계

사물은 깊이 들여다보면 볼수록
미처 보지 못한 것이 있다는 것을 깨닫게 된다

등장하는 '왜?', '정말?', '그래서?'라는 3가지 키워드이다.

회의 등에서 누군가의 발언에 "왜?"라고 물어보면 당연히 대답을 들을 수 있을 것이다. 그 다음에 "정말?"이라고 물으면 또다시 대답이 돌아온다.

이번엔 "그래서?"라고 물어보자.

'왜?', '정말?', '그래서?' 를 반복하는 동안 본인 역시 자신의 생각에 대해 "왜?" "정말?" "그래서?"라는 질문을 던지게 된다. 이것은 일종의 훈련으로, 반복을 통해 깊게 생각하는 힘(=논리적 사고력)을 기르게 된다(물론 사람에 따라 익숙해지는 정도에 차이가 있을 수 있다).

문제해결을 방해하는 요소 2
: 시간부족

우리는 흔히 "시간적인 여유가 있어서 더 많은 데이터를 모을 수 있다면 성공확률을 높이고 실패확률을 낮출 수 있겠다"고들 말한다. 이렇게 시간부족 역시 문제해결을 방해하는 요인 중 하나이다.

예를 들어 만국박람회에 부스를 개설할지 여부에 대해 고려할 때 신청기한이 정해져 있는 이상 아무리 막대한 자금을 투자해도 충분히 조사할 만한 시간이 없다. 따라서 대부분 간단한 논의 후 결정하게 된다. 이것도 시간부족이 문제해결을 방해하는 사례라고 할 수 있다.

그러나 충분한 시간이 주어졌는데도 조사도 하지 않고 프로젝트 계획서 작성과정도 없이 기한까지 결정을 미루다 결국 어느 한 사람의 결정을 따르는 일이 현실에서는 비일비재하게 일어난다. 당연히 결과는 대부분 실패로 끝난다.

문제가 드러난 시점에 바로 책임자를 정하고 언제까지 무엇을 할지 프로젝트 계획을 세우는 게 바람직하지만 실제 현장에서는 시간이 적이 될 수도 있고 아군이 될 수도 있어 정확한 판단은 생각보다 매우 어렵다. 따라서 어떠한 경우에도 사전에 계획을 세우는 일이 무엇보다 중요하다.

문제해결을 방해하는 요소 3
: 경험부족

경험이 없어도 얼마든지 문제해결 도구를 사용할 수 있다. 그러나 ABC분석의 예에서도 언급한 것처럼 단순히 책으로 배운 문제해결 방법으로는 도구를 활용해 무엇을 놓치고 있는지 발견하기란 거의 불가능하다(ABC분석에서는 사이즈나 재고가 없어서 놓치는 경우까지 살펴보아야 한다).

한마디로 무엇이 포인트인지를 알지 못하면 문제를 해결할 수 없다는 얘기이다. 오히려 상황을 잘못 판단해서 엉뚱한 방향으로 이끌고 나갈 가능성도 있다. 인생과 마찬가지로 오랫동안 경험을 쌓은 경력자나 상사에게 배우는 것이 그만큼 중요한 이유이다.

문제해결을 방해하는 요소 4
: 경험과 상식에 의한 선입견

위의 세 번째 요소와는 반대로 경력이 해결에 방해가 되는 경우도 있다. 특히 성공한 경험이 많은 사람일수록 그런 경향이 강하다. 예를 들면 "지금까지 이 방식으로 실패한 적이 없다" 또는 "예전에는 이렇게 해결하면 간단했는데……"와 같은 경우이다. 일하는 사람은 물론 환경이 다른 상황에서 앞으로 어떻게 될지를 예측하기란 생각보다 쉽지 않다. 자신감과 선입견은 종이 한 장 차이다.

그러면 어떻게 하면 좋을까? 역시 모든 조건을 넣지 않은 제로베이스Zero Base 상태에서 생각하는 사고가 필요하다. 말하자면 상황을 객관적으로 보아야 한다는 것이다. '무조건 통하는 방법'이나 '절대 실패하지 않는 방법'이란 존재하지 않는다. 물론 경영자인 경우에도 예외가 아니다.

문제해결을 방해하는 요소 5
: 권위와 지위

앞서 경영자도 상황을 객관적으로 직시해야 한다고 말한 것처럼 문제해결을 방해하는 또 다른 요인은 권위와 직책이다. 조직사회에서 직원이 좋은 해결책을 내놓아도 사장이 한 마디로 "이건 안 되겠는데"라고 하면 그 의견은 순식간에 무용지물이 된다. 그 결과 다른 직원들 역시 '안 되는 일'로 쉽게 포기한다. 권위는 이처럼 사람을 움직인다. 좋은 의미에서든 나쁜 의미에서든.

문제해결을 방해하는 요소 6
: 무사안일주의

사내에 "사장이 지시한 일은 무조건 해야 한다"는 분위기가
조성되어 있는 경우 '무사안일주의'가 문제해결을 방해하기
도 한다. 사장에게 자신의 의견을 강하게 어필해 실행에 옮긴
다 해도 그것이 실패로 돌아갔을 때의 책임을 걱정하게 된다
면 문제해결은 거의 기대할 수 없다.

　만약 직위로 모든 일을 해결할 수 있다면 모든 일을 사장
이 나서서 해결하면 된다. 하지만 현실적으로 그런 일은 불가
능하다.

　직위가 높은 사람의 의견을 그대로 따라가기만 한다면 문
제해결은 점점 멀어질 뿐이다.

7장 정리

• 문제해결을 방해하는 요소 6가지

1. 사고의 정지

2. 시간부족

3. 경험부족

4. 경험과 상식에 의한 선입견

5. 권위와 지위

6. 무사안일주의

8

문제해결력을
높이는 습관

문제해결의 근본적인 측면, 다시 말해 무엇을 하거나 하지 않을지의 여부는 결국 자신의 가치관에 달려 있다고 생각한다. 따라서 평소 자기만의 확고한 가치관을 가질 필요가 있다. 생각을 거듭하면 답은 얻게 되어 있다.

문제해결력을 높이는 습관 1
: '왜' '정말?' '그래서?'

앞서 '문제해결을 방해하는 요소 1'에서 '사고의 정지'에 대해 이야기할 때 참고로 했던 그림(205쪽)을 다시 한 번 보자. 2장에서 언급한 로지컬 트리와 어딘가 닮아 있다고 생각하지 않는가?

로지컬 트리란 글자 그대로 '논리의 나무'를 말한다. '왜?' '정말?' '그래서?'를 반복하여 2단계, 3단계, 4단계로 파고 들어가는, 즉 논리적 사고력을 높이기 위한 과정인 것이다.

이러한 논리적 사고력을 단련시키는 일이야말로 문제해결력을 높이기 위해 가장 중요한 포인트이다.

한편 논리적 사고력과 대비되는 '발상' 역시 문제해결을 위해 빼놓을 수 없는 요소이다. 가끔 "나는 논리적 사고는 가능한데 창조적인 발상은 어렵다"고 토로하는 사람들이 있지만 정확하게 말하면 '발상' 또한 논리적 사고력을 토대로 일어나는 것이다.

따라서 '발상'이 어렵게 느껴진다면 논리적 사고력 또한 부족한 상태라고 볼 수 있다.

발상이나 아이디어는 머릿속에 들어 있는 수많은 자료를 바탕으로 얻어지는 것이다. 우리의 뇌 속에는 정보와 자료를 정리한 파일(혹은 책꽂이)이 늘어서 있는데, 무언가 자극이 일어나면 그중 어떤 부분이 열리게 된다. 그것이 '발상'이다. 발상을 위해서는 관심의 폭을 넓혀둘 필요가 있으므로 가능한 책꽂이를 늘리는 게 유리하다.

외부로부터의 자극이 있으면 갖고 있던 책꽂이에서 생각을 구성하여 결과물이 나온다. 의외로 전혀 다른 분야가 서로 연결되면서 해결의 실마리가 될 만한 정보가 만들어지는, 발상의 순간을 맞이할 수 있다.

실제로 며칠 동안 골치를 앓던 문제가 순간적으로 떠오른 아이디어 덕분에 단번에 해결되는 일이 일어난다.

그렇다면 발상을 불러올 책꽂이를 이용하기 위해서는 어

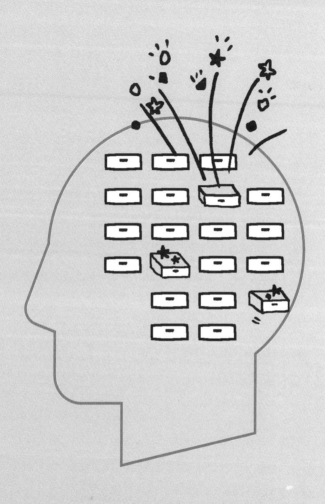

| 새로운 발상은 논리적 사고력을 토대로 일어난다 |

떻게 하면 좋을까?

두말할 나위 없이 우선 책꽂이를 갖고 있어야 한다. 물론 책꽂이가 있어도 그 안에 무언가 들어 있지 않으면 아무리 열고자 노력해도 아무것도 나오지 않을 것이다. 그러므로 관심을 갖고 있는 분야의 책꽂이를 늘리고, 평소 부지런히 자극을 주는 것이 중요하다.

관심의 폭을 넓혀 많은 자극을 받아들이는 동시에 2단계, 3단계로 생각의 깊이를 더해나갈 필요가 있다.

결국 모든 일을 결정하는 출발점은 논리적 사고력이다. 논리적 사고력을 높여야 발상이나 아이디어도 쉽게 만들어진다.

문제해결력을 높이는 습관 2
: 상식을 동원하라

미처 생각지 못했던 책꽂이를 열어 여러 가지 아이디어를 떠올리는 과정에서 상식에서 벗어난 것이 떠오를 수 있다. 예를 들어 여행사 기획담당자가 "달 여행을 기획하면 고객의 흥미를 끌 것"이라고 말한다면 당분간 실현 가능성은 제로에 가까울 것이다. 아무리 참신한 발상도 상식적인 범위에서 벗어나면 문제해결 또한 불가능한 일이다.

'문제해결을 방해하는 요소 4'에서 상식을 언급했지만 어떤 면에서는 '상식을 동원하는 것'이 문제해결의 열쇠가 되기도 한다.

그러나 여기서 말하는 '상식'이 같은 세대에게만 통용되는 것, 즉 자신의 회사 혹은 업계에서만 통하는 상식이라면 오히려 폐해가 커질 수 있다. 회사 내에서의 상식이란 본래 사회에서는 비상식인 경우가 많기 때문이다(참고로 '회사會社'라는 한자는 '사회社會'와 반대이다). 일본에서 통용되는 상식이 중국이나 이슬람에서는 얼마든지 비상식일 수 있다.

특히 이슬람의 경우 그곳에는 '금리'라는 개념이 아예 존재하지 않는다. 이슬람 세계에서는 금리를 통해 이익을 취해서는 안 된다.

이슬람 제국은 빈곤 속에 살아왔으나, 현재는 오일머니의 위력으로 세계 각국의 대형 은행이 앞다투어 그 나라의 금융 분야에 진출하려고 혈안이 되어 있다.

그런데 금리라는 개념이 없어 선진국의 상식이 전혀 통하지 않는다. 현재는 주로 리스 거래가 활발한데, 물건을 빌리는 것은 허용되므로 금리에 가까운 가치의 물건을 주고받는 형태로 거래가 이루어진다.

그렇지만 보통 출판업계의 '상식'은 이것이고, 편의점업계의 '상식'은 이렇다, 혹은 미국 출판계의 '상식'은 이렇다 등다양한 '상식'을 알고 있는 것이 문제해결에 도움이 되는 경우가 드물지 않다.

문제해결력을 높이는 습관 3
: 상식을 의심하라

한편으로 가끔은 상식을 의심해볼 필요도 있다. 특히 세대나연령에 따른 '상식'은 다른 세대를 대상으로 한 상품개발에방해요소로 작용하는 경우가 있다.

얼마 전 어떤 회사의 임원회의에서 30대 사원이 10대 후반을 겨냥한 상품을 '믹시'(mixi : 일본의 소셜 네트워킹 서비스 - 옮긴이)를 통해 홍보하겠다는 제안을 했다. 그러자 얼마 전 신입사원 연수를 끝낸 젊은 사원이 "믹시는 더 이상 통하지 않으니 '모바게'(Mobage : 일본 상거래업체 DeNA가 운영하는 휴대전화포털 사이트 겸 소셜 네트워킹 서비스 - 옮긴이)의 커뮤니티를 이용하는 것이 낫다"는 반론을 제기해 모두를 놀라게 한 적이 있다.

나 역시도 믹시를 이용하는 제안이 괜찮겠다고 생각했던 터라 "그것은 이제 진부하다"라는 말을 들었을 때 내심 놀라지 않을 수 없었다. 그래서 "이번 프로젝트는 신입사원들에게 맡기는 편이 좋겠다"고 조언했다. 실제로 믹시를 활용했다면 아무리 자금을 투입해도 주목 받기 어려웠을 것이다.

이처럼 우리가 가진 상식이 통용되지 않는 사례는 얼마든지 있을 수 있다. 따라서 항상 상식을 의심하고 생각을 제로베이스에서 시작할 필요가 있다.

위의 사례에서 만약 30대나 50대라도 상식의 함정을 염두에 두고 조사했더라면 믹시에 의한 홍보효과가 낮으리라는 사실을 알았을 것이다. 하지만 믹시가 가장 규모가 큰 SNS라는 상식이 조사 작업 자체를 방해한 것이다. 믹시조차 사용해본 적이 없는 50대 부장은 30대 사원의 제안에 "믹시를 홍보에 활용하다니, 대단한데? 역시 젊은 사람들의 의견에 귀를 기울일 필요가 있겠어"라고 하며 아예 조사조차 하지 않았을 테니, 이것 역시 상식이 문제해결을 방해하고 있다고 볼 수 있다.

문제해결을
가로막는
장애물을 넘자!

문제해결력을 높이는 습관 4
: 항상 생각하라

뉴턴은 사과가 나무에서 떨어지는 광경을 보고 문득 만유인력을 생각해냈다고 알려져 있지만, 사실은 이미 몇 년에 걸쳐 그 현상에 대해 계속 생각하고 있었다.

오랜 고민이 있었던 덕분에 사과가 떨어지는 현상을 보고 '발상'이 가능했던 것이다.

마찬가지로 경영자라면 평소 회사의 다양한 문제에 대해 생각할 것이고, 능력 있는 사원이라면 자신이 맡은 일을 더 잘 해내기 위해 늘상 고민할 것이다. 나 역시 클라이언트가 의뢰한 여러 가지 문제로 항상 머릿속이 꽉 차 있다.

그래서 읽고 있던 책에서 문제해결의 힌트를 얻거나 우연히 읽은 신문기사나 사람들과의 대화 속에서 "이거다!" 하고 무릎을 치게 되는 경우가 많다.

일의 특성상 고객 회사의 자금조달이나 자산운용에 대해 상담하는 경우가 많아 나는 금융과 관련된 정보에 특히 민감한 편이다(《회사에서 꼭 필요한 최소한의 숫자력》을 참고하기 바란다).

예를 들어 회사의 연금기금 운용에 대한 포트폴리오를 어떻게 하면 좋을지에 대해서는 가능한 시간을 들여 생각을 거듭한다. 어떤 문제를 항상 염두에 두고 있으면 신문이나 잡지, 인터넷상의 정보가 어느 순간 눈에 들어오는 경우가 있다.

가령 어느 신탁회사가 신문에 실린 포트폴리오를 참고로 "일본국채 비율을 높여 리스크를 줄여야겠다"는 결론을 내는 식이다.

물론 이러한 과정은 자산운용뿐 아니라 M&A 관련 상담이나 차기 전문 경영인 선출에 관한 문제에도 똑같이 적용된다. 제기된 문제에 대해 생각을 멈추지 않는 것이다.

생각을 거듭하면 답은 얻게 되어 있다. 바꾸어 말하면 계속 생각하고 있기 때문에 답을 찾을 수 있는 것이다. 만약 이 책을 읽고 있는 독자들이 상사라면 부하직원에게 끊임없이 과제를 주어 생각하게 만들고, 깊이 사고할 수 있는 환경을 조성해줄 필요가 있다.

문제해결력을 높이는 습관 5
: 가치관에 근거한 직감을 가져라

마지막은 직감에 관한 이야기이다. 데이터를 수집하고 분석하며, 생각하는 과정이 어느 정도 수준에 이르면 이제 직감을 발휘할 차례다. '좋다' '싫다' 혹은 '하고 싶다' '하고 싶지 않다' 중에서 결정하는 것이다.

디시전 트리를 만들어 어떤 방향이나 방법이 정해진 경우를 예로 들어보자.

80퍼센트의 확률로 최대한 20억 엔을 벌 수 있지만 20퍼센트의 확률로 다운사이드 리스크가 −10억 엔인 방법이 있고, 70퍼센트의 확률로 최대한 30억 엔의 수익을 얻지만 30퍼센트의 확률로 다운사이드 리스크는 20억 엔인 방법이 있다.

독자들이라면 어느 쪽을 선택하겠는가?

가능한 데이터를 수집하고 검증한 후 마지막 순간에 역시 "이것이다!" 하고 결정하게 될 것이다.

검증과정을 통해 100퍼센트 확신을 갖게 되었다면 문제라고도 할 수 없으므로 결론적으로 어느 쪽을 선택하든 판단의 열쇠는 직감이다.

이때 중요한 것이 있는데 바로 그 직감의 전제가 되는 가치관이다. "이익을 낼 수 있다면 어떤 방법이라도 상관없다" 또는 "우리 회사의 제품이나 서비스를 통해 사회에 공헌하고 싶다"라는 등의 가치관에 따라 직감은 완전히 달라질 수 있다.

생각의 바탕은 배제한 채 단순히 논리만으로 따진다면 모

든 것을 수익 중심으로 결정할 것이다. 돈이 유일한 가치관이
되기 때문이다.

그러한 결정에 이의가 없을 수 있고, 삶의 가치관에 반대
된다고 생각할 수도 있으며, 단순히 일이라고 여길 수도 있다.

문제해결의 근본적인 측면, 다시 말해 무엇을 하거나 하지
않을지의 여부는 결국 자신의 가치관에 달려 있다고 생각한
다. 따라서 평소 자기만의 확고한 가치관을 가질 필요가 있다.

8장 정리

- 문제해결력을 높이는 습관 5가지

1. '왜?' '정말?' '그래서?'를 반복한다.

2. 상식을 동원한다.

3. 상식을 의심한다.

4. 항상 생각한다.

5. 가치관에 근거한 직감을 활용한다.

보편적인 가치관 정립의 중요성

    지금까지 이 책을 읽은 독자들은 어느 정도 '문제해결력'을 익힐 수 있었을 것이다.

    주로 문제해결을 담당하는 직업적인 특성상 더 많은 이야기를 담고 싶었지만 이쯤에서 집필을 마무리짓고자 한다. 책에서 얘기한 기본적인 내용만이라도 이해할 수 있다면 문제를 해결하는 데 충분하다고 생각하기 때문이다.

    마지막으로 다시 한 번 강조하고 싶은 것은 마지막 장에서 다루었던 '가치관'의 중요성이다.

    모든 일을 판단하는 최종 판단기준은 가치관이다. 따라서 올바른 가치관을 가질 수 있도록 끊임없이 배우고 느끼는 것이 중요하다. 중국 고전을 읽어도 좋고, 많은 사람들과 교류하면서 보편적인 가치관과 사고방식을 익히는 것도 한 가지

방법이다. 이러한 노력 없이는 문제해결, 특히 중대한 국면에서의 문제해결은 불가능하다.

과거에 마쓰시타 고노스케松下幸之助(경영의 신. 마쓰시타 전기, 파나소닉 회장 – 옮긴이)는 경영자들에게 '인간관人間觀'을 강조한 바 있다. 사람에 대한 올바른 생각 없이는 중요한 의사결정을 착오 없이 해낼 수 없다고 믿었기 때문이다.

이 책의 제목인 '문제해결력'은 수단이다. 물론 문제를 해결하는 수단이다. 이것은 이 책의 시리즈인《회사에서 꼭 필요한 최소한의 숫자력》과 마찬가지로 비즈니스 능력을 향상시키기 위한 수단인 동시에 '행복해지기 위한' 수단이자 도구이다.

이 도구를 활용해 현실에서 부딪히는 문제를 해결할 수 있게 되기를 바란다. 업무적인 면에서나 개인적인 면에서 맞닥뜨리게 되는 잦은 문제를, 책의 내용을 도구삼아 해결하는 것이다.

하지만 무엇보다 중요한 것은 더 큰 문제로 확대되지 않도록 문제의 싹을 무심코 지나치지 않는 것이다. '최강의 문제해결력'이란 말이 거창하게 들릴지 모르지만 사실 아무 일 없이 평온한 상태를 유지하는 것을 말한다. 문제해결에 할애하는 시간과 노력을 자신의 재능을 발전시키거나 좋아하는 분야에 쏟을 수 있기 때문이다.

충분히 주의를 기울였는데도 문제가 발생했을 때 독자들이 이 책에서 배운 도구를 활용하여 조금이라도 쉽게 해결책을 찾을 수 있다면 저자로서 그보다 기쁜 일은 없을 것이다.

책의 기획과 집필과 관련해 이미 출간된《회사에서 꼭 필요한 최소한의 시간력》과《회사에서 꼭 필요한 최소한의 독서력》《회사에서 꼭 필요한 최소한의 숫자력》을 포함한 모든 시리즈에 귀중한 조언을 아끼지 않은 디스커버리 트웬티원의 호시바 유미코 대표에게 감사의 인사를 전하고 싶다. 그녀가 없었다면 이처럼 완성도 높은 원고는 아마 완성되지 못했을 것이다.

고미야 가즈요시 小宮一慶

존재감을
드러내는
문제해결력

초판 1쇄 발행 2016년 6월 20일
개정판 2쇄 발행 2019년 7월 8일

지은이 고미야 가즈요시
옮긴이 정윤아
펴낸이 이범상
펴낸곳 (주)비전비엔피·비전코리아

기획 편집 이경원 심은정 유지현 김승희 조은아 박주은
디자인 김은주 이상재
마케팅 한상철 이성호 최은석
전자책 김성화 김희정 이병준
관리 이다정

주소 우)04034 서울시 마포구 잔다리로7길 12 (서교동)
전화 02)338-2411 │ **팩스** 02)338-2413
홈페이지 www.visionbp.co.kr
인스타그램 www.instagram.com/visioncorea
포스트 post.naver.com/visioncorea
이메일 visioncorea@naver.com
원고투고 editor@visionbp.co.kr

등록번호 제313-2005-224호

ISBN 978-89-6322-144-1
　　　978-89-6322-140-3 (set)

이 도서의 국립중앙도서관 출판시도서목록(CIP)은 서지정보유통지원시스템 홈페이지(http://seoji.nl.go.kr)와
국가자료공동목록시스템(http://www.nl.go.kr/kolisnet)에서 이용하실 수 있습니다.(CIP제어번호: CIP2018040234)